Europas

rote

Gespenster

Biografische Skizzen

Hein Paler

Europas rote Gespenster

Band 3

General und Mohr -

Die siamesischen Zwillinge

Biografische Skizze

Wohl denen, die Hunger und Durst
nach Gerechtigkeit haben,
denn sie sollen gesättigt werden.

Matthäus 5, 6

Hein Paler

Impressum

Bibliografische Information der Deutschen

Nationalbibliothek:

Die Deutsche Nationalbibliothek verzeichnet diese
Publikation in der Deutschen Nationalbibliografie;

detaillierte bibliografische Daten sind im Internet
über

http://bnb.bnb.de abrufbar.

Herstellung und Verlag: BoD – Books on Demand

Norderstedt

ISBN: 9 783755 715443

Hinweise zu Klammern und Anführungszeichen

[ ] und { }	Hinweise des Autors
„ "	Zitat oder Buchtitel
(...)	Textstelle wurde gekürzt
' '	Wörtliche Rede innerhalb eines Zitats
( )	Innerhalb eines Zitats: Der/die Verfas-serIn des Zitats setzte die Klammer

Literatur zum Thema

Hunt, Tristram: Friedrich Engels, Berlin 2017

Jones, Gareth Stedman: Karl Marx, Frankfurt a.M. 2017

Enzensberger, Hans Magnus (Hrsg.): Gespräche mit

Marx und Engels, Band 1 und Band 2, Frankfurt a.M.

1973

Schubert, Käte (Hrsg.), Heiteres und Bissiges von Marx

und Engels, Berlin (Ost) 1987

Engelsismus: siehe Internet unter „Marx-Engels-Problem"

Die Rechtschreibung der Zitate

wurde nicht verändert

Währungsangaben

entsprechen grob dem Wert von 2010.

Inhalt

1. Was sie einte

Siamesische Zwillinge

Unlösbar hafteten sie aneinander. Bereits in der Frucht-
blase wuchsen die Körper der eineiigen Zwillinge **Chang
und Eng Bankes** zusammen. Seitdem teilten die beiden
1811 geborenen bis zu ihrem gemeinsamen Tod [1874]
ihren Brustbereich.

Chang und Eng Bankes waren nicht das erste eineiige
Zwillingspaar, das durch die zusammenhängende Doppel-
bildung eines Embryos entstand. Aber sie lebten in jener
aufregenden Epoche, in der Zeitungen mit bisher
unvorstellbaren Auflagen von 50.000 oder 200.000 Einzel-
exemplaren pro Tag [!] gedruckt werden konnten.

So erfuhren hunderttausende, letztlich Millionen Leser*innen vom Schicksal der Bankes. Unerschöpflicher Ge-
sprächsstoff ergab sich über die Lebensumstände der **siamesischen Zwillinge**:
Sie sind also an der Brust verwachsen... Wie lösen sie ihre
alltäglichen Probleme?
Aufstehen, An- und Auskleiden, Gehen, Setzen, Schlafen,
Essen, das Aufsuchen der Toilette? Wenn sie sehen, hö-
ren, schmecken... Hat jeder seine eigenen Augen und
Ohren? Sieht, hört, schmeckt jeder anders?

Es stellten sich auch komplexere Fragen: Hat Chang
andere Gefühle und Gedanken als Eng? Besitzt jeder
seinen völlig eigenen Kopf, seine ganz eigenständige

Persönlichkeit? Verfügt Chang über Fähigkeiten, die Eng nicht hat? Liebt Eng möglicherweise Orgelmusik und Chang überhaupt nicht? Freuen und ärgern sich beide gleichzeitig? Können sie in einen heftigen Streit geraten?

Sind sie letztlich zwei Menschen mit einem Körper oder ist das ein Mensch mit zwei Körpern?

Chang und Eng Bankes kamen aus Siam [Heute: Thailand]. Aufgrund ihrer Popularität entstand für zusammengewachsene Zwillingspaare die volkstümliche Bezeichnung *siamesische Zwillinge.*

Eine gelungene Metapher

Professor **Karl Eugen Dühring** [1833 – 1921] bezeichnete zwei seiner Gegner als siamesische Zwillinge: **Friedrich Engels und Karl Marx**. [Engels sei *Marx´ „siamesisches Zwillingsanhängsel"*] Eigentlich meinte er es polemisch, doch gibt diese Metapher die tiefe und enge Verbundenheit dieser beiden Männer am treffendsten wieder.

Der Chartist **Julian Harney** beschrieb ihr Verhältnis so: { 1883 nach Marx´ Tod in seinem Kondolenzbrief an Engels }

„Deine Freundschaft und Zuneigung,
seine Herzlichkeit und sein Vertrauen
machten den Bruderbund von Karl Marx und Friedrich Engels zu etwas, das über allem stand,
was ich je unter Menschen kennengelernt habe.
Denn dass zwischen euch (beiden) ein Band war,
stärker als die Liebe einer Frau, ist nichts als die Wahrheit.
(...)"

Friedrich Engels und Karl Marx bildeten ein effektives Duo. Zurecht sprachen viele von ihnen als der „Zwei-Mann-Partei".

Wilhelm Liebknecht schrieb über die beiden:
„Was hat der eine, was hat der andere geliefert?
Marx und Engels sind ein Geist -
wie sie es bis zu ihrem Tode
in ihrem ganzen Wirken und Schaffen geblieben sind".

Beide gemeinsam
- setzten den wissenschaftlichen Sozialismus
	gegen den Idealismus
- befeuerten Sozial- und Politikwissenschaften
	{ bis heute und auch in Zukunft },
- griffen in Organisation und Ausrichtung
	der kommunistischen Bewegung(en) ein...

Ihr **„Kommunistisches Manifest"** und das **„Kapital"** werden immer wieder zitiert.

Engels und Marx ergänzten sich menschlich und ideologisch perfekt. Dieser Fakt verblüfft, gibt Anlass zu Rätseln und Widerspruch. Schließlich waren beide gebildet, intelligent und willensstark. Jeder hätte seine eigene Lehre entwickeln und seine eigene Anhängerschar sammeln können. Schließlich kommt es nach aller Erfahrung zu Funkenschlag, wenn zwei Alpha-Rüden zusammentreffen. Dazu kam es auch. Doch die beiden richteten Funken und Feuer nie gegeneinander, sondern stets in Richtung ihrer Gegner.

Das berechtigt dazu, die beiden großen Denker in *einer gemeinsamen* biografischen Skizze zu würdigen.

Denn keine Biografie über Friedrich Engels kann auslassen, wie eng er mit Karl Marx verbunden war { gemeinsam diskutierten und entwickelten sie Ideen und Theorien, verfassten Texte und organisierten kommunistische Gruppierungen. − General verstand sich bald nach ihrem Kennenlernen als Mitglied von Mohrs Familie. Marxʹ Töchter sahen in ihm einen Onkel. }.

Ebenso wenig können Marx-Biograf*innen verschweigen: Mohr hätte ohne die Unterstützung seines Freundes { = Sachinformationen, Diskussionen und Korrekturen, Geld } weder so fundiert noch so intensiv forschen können.
Und ohne Friedrich Engelsʹ Einsatz für seinen Freund [besonders nach dessen Tod] wäre Karl Marx heute nur in sozialwissenschaftlichen und historischen Fachkreisen bekannt.

Biografien, die Engels und Marx als Einzelpersonen darstellen, werden der Qualität ihrer engen Beziehung nicht gerecht. Engelsʹ und Marxʹ Leben und ihr Werk sind so untrennbar miteinander verknüpft wie Kett- und Schussfäden eines Tuchs.

Harmonisch trugen sie ihr wissenschaftliches, politisches und organisatorisches Werk zusammen, einem Turm vergleichbar. Aus der Ferne, von außen und von innen betrachtet, wirkt er wie der Entwurf eines einzigen Architekten; der von einem einzigen Ingenieur berechnet und von einem einzigen Baumeister ausgeführt wurde.

Spezialist*innen erkennen an Details: Diese Treppe ist von Engels, diese Kammer gestaltete Marx. Doch insgesamt handelt es sich um einen in einzigartigem Teamwork gebauten Turm.

Engels und Marx ließen während ihres lebenslangen Zusammenwirkens nie ihre gemeinsamen Ziele aus den

Augen. Jeder arbeitete und wirkte an seiner Position, ohne Eifersucht auf den anderen. Genau darin begründet sich das Rätsel unserer siamesischen Zwillinge. Große Werke, wundervolle Kirchen und beeindruckende Wolkenkratzer verdanken ihr Entstehen häufig dem Wettkampf von Menschen. Die Erbauer*innen dokumentieren damit letztlich ihre individuelle Überlegenheit oder die überwältigende Macht ihres Systems. Doch Engels und Marx schufen den Marxismus *durch ihre Einigkeit*.

Das belegt ein bemerkenswerter Vorfall: Um das Jahr 1880 herum machte der reiche Engländer **Henry Mayers Hyndman** dem finanziell immer klammen Karl Marx ein großzügiges Angebot. Er sei bereit, zukünftig Marx´ Lebenskosten zu begleichen.
Hyndman begründete seine Zusage so: Dann müsse Marx nicht länger in Abhängigkeit von Friedrich Engels leben. Schließlich klage Marx´ Ehefrau Jenny, Engels´ sei zwar ein begabter und loyaler, aber unsympathischer Gehilfe ihres Mannes, eigentlich so etwas wie ein „böser Geist".

Marx lehnte Hyndmans Angebot ab. Zu groß war die Verbundenheit der beiden „siamesischen Zwillinge". Was sie zusammen erarbeitet und erlebt hatten, ihre gemeinsamen Siege und Niederlagen, das fügte sie untrennbar zusammen.
Emotionaler Gleichklang prägte das Verhältnis beider. Als General 1868 Mohr zum 50. Geburtstag gratulierte, erinnerte er ihn an 1844: *„Ich gratuliere anyhow zu dem halben Sekulum. (...) Was wir doch vor 25 Jahren für jugendliche Enthusiasten waren, als wir uns rühmten, um diese Zeit längst geköpft zu sein".* Tatsächlich rechneten sie zu Beginn ihrer Freundschaft nicht damit, unter behäbig bürgerlichen Umständen alt zu werden.
Schließlich begriffen sie sich als Revolutionäre, deren Radikalität die schlimmsten Folgen haben musste. Ganz sicher würden sie im Gefängnis landen { Diese Ahnung traf zu.

Aber: Die jeweiligen Gefängnisaufenthalte endeten meist bereits nach einer Nacht. } oder sogar zum Tode verurteilt werden.

Engels und Marx verästelten unlösbar ihre Lebensentwürfe und deren Konsequenzen. Entsprechend teilte General Mohrs Tochter Laura Lafargue 1885 mit { Marx war zwei Jahre zuvor gestorben, Engels bearbeitete den 2. Band des *„Kapitals"* }: *„[ich] kann ... aufrichtig sagen, solange ich an seinem Buch arbeite, bin ich mit ihm verbunden, als ob er lebte"*.

Zwei wurden eins und waren eins. Friedrich Engels und Karl Marx: Ihr Leben und ihr Werk verdienen, gemeinsam in einer biografischen Skizze beleuchtet zu werden.

Marxismus: Wissenschaft und Movens
Oder: Was macht Generals und Mohrs Leistung aus?

Friedrich Engels und Karl Marx
- begründeten erstens den wissenschaftlichen Sozialismus
- und engagierten sich zweitens in der Organisation der kommunistischen Bewegung.

Diese Leistungen erfahren je nach Standpunkt unterschiedlichste Bewertungen. Für seine Gegner ist der Marxismus ein Albtraum, für seine Anhänger ein Leuchtturm.

Er ist ein Pfahl im Fleisch aller auf Traditionen beharrenden Parteien und Politiker*innen. Denn: unsere Welt ist nicht alternativlos.
Gerechtere Gesellschaften, mit gleichen Chancen für alle, sind denkbar   [und machbar ! ?].

Für die Profiteure der bestehenden Systeme sind das beunruhigende Gedanken. Allzu gern weisen sie darauf hin, dass alle Staatssysteme, die sich auf Engels und Marx beriefen [oder sich heute noch auf sie berufen], zu Tragödien entwickelten. { Ziehen wir eine Parallele: Jesus Christus verkündete das Reich Gottes. Und was kam? Die Kirchen. - Engels und Marx verkündeten die klassenlose Gesellschaft. Und was kam? Die kommunistischen Parteien. }

Worin also besteht die Leistung von Engels und Marx? Erstens wandten sie überprüfbare sozialwissenschaftliche Methoden an und begründeten so wissenschaftliche Disziplinen [Die aktuell meist nachweisen wollen, dass Marxismus theoretisch nicht stimmig ist.].

Zweitens mobilisierten sie Millionen Menschen durch die Zukunftsvision einer klassenlosen Gesellschaft, die durch Klassenkampf erreicht werden kann.

Marxismus als wissenschaftliches System

Im Endeffekt bewirkten Engels und Marx die Entstehung sozialwissenschaftlicher Fakultäten an den meisten Universitäten der Welt. Ihre „marxistische" Methode: Sie sammelten zuerst korrekt und systematisch Fakten. Deren Bedeutung beleuchteten sie in sozialen, politischen und historischen Zusammenhängen.

Zwar gab es schon vor Engels und Marx Sozialtheoretiker und Sozialreformer. Zwei seien erwähnt:

1. Der französische Theoretiker **Claude Henri de Rouvroy, Graf von Saint Simon** [1760-1825] verlangte, dass alle produktiv Tätigen Teile ihres erarbeiteten Wohl-

stands an Ärmere abgeben. Aber die hierarchische Gesellschaft sollte bei diesen Transaktionen bestehen bleiben. Die Saint-Simonisten schlugen vor, das Erbrecht an Produktionsmitteln abzuschaffen und meinten, ein Staat lasse sich als Assoziation von Werktätigen organisieren.

2. Der Schotte **Robert Owen** [1771-1858] experimentierte mit Sozialreformen. Als Mitbesitzer einer Baumwollspinnerei richtete er für deren Arbeiter*innen eine Musterwohnsiedlung ein. Die Arbeitszeit wurde auf 10,5 Stunden begrenzt, Kinder arbeiteten erst ab 10 Jahren [!] in der Fabrik. In Läden wurde Ware zum Selbstkostenpreis verkauft.

Ein weiteres Projekt Owens in den USA, eine Gemeinschaftssiedlung mit gleichen Anteilen, scheiterte. Danach entstanden in England in Kooperation mit Gewerkschaften weitere Arbeitersiedlungen, in denen Gedanken Owens praktiziert wurden.

Insgesamt fanden die Gedanken und Projekte Saint-Simons und Owens zu wenig Echo, um größere Wirkungen zu erzielen. Auch der Marxismus fand anfangs kaum Zuspruch. Denn er analysierte zuerst soziale Systeme in ihrer Gesamtstruktur: Welche materiellen Bedingungen [an erster Stelle: Möglichkeiten der Produktion] liegen vor? Wie baut sich die die Gesellschaft unter diesen Bedingungen auf?

Bewusst distanzierten sich Engels und Marx vom „utopischen" Sozialismus Saint Simons oder Owens. Da ginge es um Versuche ohne Rückkopplung an Produktions- und gesellschaftliche Realitäten, damit letztlich um Seifenblasen, die zum Scheitern verurteilt seien

Engels und Marx beschränkten Untersuchungen aktueller sozialer Missstände [z.B. Warum gab es 1788 in Frankreich eine Hungersnot?] nie auf Details, sie analysierten die Gesamtsituation. Wichtig war ihnen das Verstehen der Zusammenhänge zwischen technischem Fortschritt und sozialen Veränderungen [Welche Bedeutung hatte die in der Antike entstehende Technik des Baus kilometerweiter Wasserleitungen für Gesellschaft und Politik?].

1845 zählte Engels in seinem Buch über *„Die Lage der arbeitenden Klasse in England"* hunderte von Fakten zur Lebenswirklichkeit der Arbeiter*innen auf.
In *„Das Kapital"* stellte Mohr mit gleicher Gründlichkeit und Systematik soziale Zusammenhänge dar.

Mit dieser { sich auf Fakten und nicht auf Ideen stützenden } Vorgehensweise legten sie das methodische Grundgerüst für Sozialwissenschaften und historische Studien.

-     -   -   -   -   -   -

Anmerkung: Materialismus und Idealismus
Oder: General und Mohr waren keine radikalen Materialisten.

General
schrieb 1890: *„Nach materialistischer Geschichtsauffassung ist das in letzter Instanz bestimmende Moment in der Geschichte die Produktion (...)."* Der ökonomische Kontext stehe für Menschen an erster Stelle, doch Traditionen, politische Einstellungen u.a. beeinflussten Entscheidungen und historische Abläufe ebenfalls.

Mohr
setzte sich sein ganzes Leben lang mit dem Idealisten Hegel auseinander. [Dessen Lehre wollte er vom Kopf auf die Füße stellen.] Aber er selbst vertrat ebenfalls idealistische Positionen. So lehnte er **Darwins** [letztlich konse-

17

quent materialistische] Grundeinstellung, die Entwicklung der Menschheit erfolge nach dem reinen Zufallsprinzip [durch erfolgreiche Variationen des Erbguts] strikt ab.

Für Marx war die Geschichte der Ursprung des Menschen und *nicht* die Natur. Geschichte sei die Vermenschlichung der Natur durch bewusste Lebenstätigkeit des Menschen.

So werde der Mensch zu einem Gattungswesen und schließlich frei, weil er nicht durch spezifische Bedürfnisse bestimmt ist. Die Probleme des Pauperismus lösen sich in der Verbindung menschlicher Selbsttätigkeit mit dem Sozialismus. Deshalb kritisierte Marx viele sozialistische Ideen [und **Feuerbach**]. "Die materialistische Lehre von der Veränderung der Umstände und der Erziehung vergisst, dass die Umstände von den Menschen verändert und der Erzieher selbst erzogen werden muss".

- - - - - - -

Engels und Marx setzten die Kämpfe von Ausbeutern und Ausgebeuteten in historische Bezüge. Sie befassten sich dazu mit Steinzeit, Antike, Mittelalter und Neuzeit
{ Ihre Begrifflichkeiten: Urgesellschaft, Sklavenhaltergesellschaft, Feudalismus, Kapitalismus und Klassenlose Gesellschaft }
und verknüpften soziale Entwicklungen der jeweils existierenden Gesellschaften mit vorhandenen technischen Möglichkeiten.
Nach ihrem Verständnis entwickelten sich
- der Mensch durch Arbeit { = Sicherung der Existenz, sowie technische Entwicklung und kulturelles Schaffen }
- und die Gesellschaften durch die ihnen zur Verfügung stehenden Produktionsmittel. { Eine Gesellschaft, der Dampfmaschinen zur Verfügung stehen, kann und wird sich anders organisieren als eine, die nur mit Bronzewerkzeugen arbeitet. }

Entsprechend analysierte General 1850 in *„Der deutsche Bauernkrieg"*, dass der sich auf die Seite der Bauern stellende Reformator **Thomas Müntzer** scheitern musste. Die 1525vorhandenen Produktionsweisen und sozialen Strukturen ermöglichten noch nicht die Umsetzung der von den Bauern und Müntzer gestellten Forderungen.

Wilhelm Liebknecht erinnerte sich an eine methodische Äußerung Mohrs: Der *„spottete der siegreichen Reaktion in Europa, welche sich einbilde, die Revolution erstickt zu haben, und die nicht ahne, daß die Naturwissenschaft eine neue Revolution vorbereite.*
Der König Dampf, der im vorigen Jahrhundert die Welt umgewälzt, habe ausregiert, an seine Stelle werde ein ungleich größerer Revolutionär treten: der elektrische Funke. Und nun erzählte mir Marx (...), daß seit einigen Tagen in der Regent´s Street das Modell einer elektrischen Maschine ausgestellt sei, die einen Eisenbahntrain ziehe (...)".

- - - - - - -

Anmerkung: Engelsismus

Im Folgenden geht es um die Deutung von Werken, die erst später vorgestellt werden. Doch damit die Leser*innen in keine Falle tappen, sei die hier vertretene Lesart offengelegt:
Diese biografische Skizze stellt sich auf die Seite derer, die Engels und Marx *im Gleichklang* sehen. Dieses Verständnis teilen viele Wissenschaftler*innen nicht und wenden sich gegen den **Engelsismus**. Für ihre Position können sie gewichtige Gründe anführen.

Der Mythos der Engels-Marxschen Einigkeit sei partei- und staatsoffizielle Doktrin gewesen. Das Verständnis des Marxismus sei dabei von Engels geprägt worden. Faktisch jedoch sei Engels gegenüber Marx nie ein kongenialer Partner gewesen.

Die zurzeit erfolgende Veröffentlichung der kompletten Schriften von Engels und Marx [MEGA ^{2}] lasse erkennen, was Marx ursprünglich gemeint und wie Engels es, seiner Widerspiegelungstheorie folgend, falsch interpretiert habe.

Zwischen Engels und Marx habe es methodische und gegenstandsbezogene Differenzen gegeben. Das wirkte sich negativ auf die Veröffentlichungen des *„Kapital"* aus. Engels habe durch entsprechende Vorworte und Bemerkungen, sowie durch die redaktionelle Bearbeitung des zweiten und des dritten Bandes Karl Marx´ ursprüngliche Aussagen verzerrt.

Marx habe den Kapitalismus als „offenes System" untersucht, *„mit innerer Dynamik und offener Zukunft"*. Er kam [z.B. im Zusammenhang mit „Ware"] zu begrifflichen Abstraktionsebenen der Darstellung, die von Engels in *„plattem Empirismus (...) in idealtypische Modelle und Verlaufsformen historischer Entwicklungen"* verwandelt wurden. **Ingo Elbe** führt aus*: „Die Ware am Anfang des „Kapital" ist also für Engels begrifflich und geschichtlich der kapitalistisch bestimmten vorhergehend. (...) Auch hier kann sich Engels nämlich (...) eine begriffliche Entwicklung nur als ein möglicherweise vereinfachtes Abbild empirisch konstatierbarer Phänomene und zeitlich abgestufter Prozesse vorstellen.*
Weil ihm die ´logische Behandlungsweise (...) nichts anderes als die historische (...)´ zu sein hat, kann er auch im Vorwort zum dritten Band (...) vom (...) ´logischen Bildungsprozeß´ der ´Gedankenabbilder´ sprechen".

Die Vorwürfe gegen Engels lauten plakativ: Er verstand Marx´ wissenschaftliche Ansätze nur zum Teil und stellte sie als angewandte Hegelsche Dialektik dar. Durch Engels` simple Optik sei das *„Kapital"* entstellt worden und Engels so zum Urheber eines verflachten „Marxismus" geworden. Karl Marx´ wirkliche Ansätze müssten erst ans Tageslicht gehoben werden.

Mit welchen Argumenten wird in dieser Skizze eine andere Meinung vertreten? General und Mohr waren nicht nur engste Freunde. Sie bildeten ein eingespieltes Arbeitsteam. Marx formulierte das einmal so: ...
"Was nun mich selbst und Friedrich Engels betrifft,
ich erwähne Engels,
weil wir beide nach einem gemeinsamen Plane und nach vorheriger Verabredung arbeiten."....

Konkret bedeutete das: General und Mohr tauschten sich über ihre Ideen und die geplanten schriftlichen Projekte aus. In den 1840er Jahren verfassten sie gemeinsame Werke. Marx war über die Inhalte von Engels *„Dialektik der Natur"* informiert [Mohr besaß übrigens hervorragende Kenntnisse über den damals aktuellen Stand der Naturwissenschaften.] und über den *„Anti-Dühring*` [an dem er sich selbst mit einem Kapitel beteiligte].

Engels wiederum kannte jedes Detail des *„Kapital"*, denn Marx hatte alle mit ihm diskutiert. { Es ist zu erwähnen: Engels kannte auch die Ideen, die Marx nicht publizierte; weil die nicht schlüssig waren oder nicht in bestimmte Abschnitte des *„Kapital"* passten... } Ihr reger Briewechsel von 1850 bis 1870 [Engels lebte in Manchester, Marx in London] gibt Einblick in ihre wissenschaftlichen Diskussionen. Marx traf sich während dieser Jahre mehrfach mit Engels [z.B.: 6. – 24. Mai 1858], um komplexere Sachverhalte eingehend mit ihm erörtern zu können.

Mohr nahm Generals Urteile stets ernst und gestaltete Textabschnitte nach dessen Vorschlägen um. Der völlig ohne Eitelkeit arbeitende Engels stellte Marx´ Texte immer in den Vordergrund.
Das führte im Zusammenhang mit dem dritten Band des *„Kapital"* zu einer interessanten Diskussion. Engels hatte zur Veröffentlichung des Werkes auch erkennbar unfertige Entwürfe von Marx verwendet.

Hätte Engels an diesen komplexen Stellen die Sachverhalte nicht besser mit seinen Worten formuliert?
Engels antwortete den Kritikern, es ginge darum, *„Marx in Marx´ Worten"* abzudrucken, *„selbst auf die Gefahr hin, dem Leser etwas mehr eignes Denken zuzumuten"*.

Engels wusste um die steinigen und steilen Pfade, die ihn und Marx erst zu neuen Erkenntnissen geführt hatten. Schließen wir diese Anmerkung mit einer polemischen Frage [übernommen von **Michael Krätke**] : Da verfolgen Wissenschaftler*innen den Ansatz, *den wirklichen, den eigentlichen Karl Marx* entdecken zu wollen. Werden sie ihn [aus ihren Positionen des 21. Jahrhunderts heraus] *besser verstehen können* als Friedrich Engels, der mit Marx befreundet war, seine Gedanken teilte und mit ihm in ständiger Diskussion stand?

- - - - - - -

Marxismus als Movens

Warum treten Arbeiter*innen in einen Streik, wann und unter welchen Bedingungen? Wenn Arbeiter*innen im 19. Jahrhundert streikten, ging es nicht um Lohnerhöhungen und längere Urlaubszeiten.

Damals ging es für die Arbeiter*innen um das nackte Überleben:
- Ihre Löhne ermöglichten weder würdiges Leben noch würdiges Sterben.
- Die Höhe der Entlohnung und ihre Auszahlung waren unsicher.
- Die Arbeitszeit betrug meist zwölf Stunden an sechs Wochentagen.
- Es gab keinen Arbeitsschutz, keine Krankenversicherung, keine Rente.
- Gewerkschaften waren verboten, ebenso durften Arbeiter*innen keine Parteien gründen.

Arbeitskampf bedeutete Arbeitskrieg. Gegen streikende Arbeiter*innen schickten die Regierungen Soldaten und Polizisten. Verhaftungen waren möglich und Gefängnisstrafen. Streikende setzten ihre Existenz, ihre Gesundheit und ihr Leben aufs Spiel. Nur Arbeiter*innen, die mit dem Rücken zur Wand standen, gingen das Wagnis eines Streiks ein.

Engels und Marx stellten diesen brutalen und existenziellen Kampf um Nahrung, Kleidung und Unterkunft in eine ganz andere Kulisse: Jeder Streik wurde als Teil der fundamentalen Auseinandersetzung zwischen Proletariern und Kapitalisten verstanden. Das gab der Organisation und Ausrichtung von Streiks einen Kompass und stärkte die Moral der Kämpfenden. Sie handelten in dem Bewusstsein, durch ihr Engagement positive Veränderungen für die gesamte Menschheit zu bewirken.

Beschrieben marxistische Analysen der Gegenwart nicht exakt soziale Zusammenhänge und Verwerfungen?
Stand dafür nicht am Ende der Klassenkämpfe eine humane, gerechte, solidarische Welt [die klassenlose Gesellschaft] ?

Der Marxismus verkündete Arbeiter*innen eine lebenswerte und faire Zukunft. Um dieses Ziel zu erreichen, konnten „Proletarier" Entlassungen riskieren oder Gefängnisstrafen. Was zählten schon die eigene Gesundheit und das eigene Leben?

Am Ende würden die Ausgebeuteten solidarisch ein Paradies, eine bessere Welt für die gesamte Menschheit erstritten und geschaffen haben. Mit dieser Vision bewirkten Engels und Marx die Mobilisierung ungeheurer Kräfte.

Nr 1: General, Nr. 2: Mohr

Diese biografische Skizze geht von drei Prämissen aus:

Erstens dürfen Friedrich Engels und Karl Marx nicht getrennt voneinander betrachtet werden. Ihr Leben und ihr Werk gehören in eine gemeinsame Biografie.
Zweitens hat Engels Marx nicht falsch verstanden. Drittens spielte in diesem Duo Friedrich Engels die wichtigere Rolle. [Für ihre spätere Bedeutung allemal.]

Warum spricht dann alle Welt vom Marxismus? Von Engels ist nur negativ die Rede. Engelsismus besagt, Engels habe Marx missverstanden und verursachte die späteren falschen Entwicklungen kommunistischer Parteien [z.B. den Stalinismus].

[Wir] alle reden vom Marxismus, weil General diesen Begriff akzeptierte und förderte. Er war damit zufrieden, „die zweite Violine" zu spielen. Diesen sich auf Karl Marx konzentrierenden Mythos griffen führende Köpfe der Sozialdemokratie wie **August Bebel** und **Karl Kautzky**, sowie russische Kommunisten wie **Georgi Plechanow** und **Wladimir Iljitsch Lenin** gerne auf. Sie beriefen sich auf Marx´ Sonderstellung. Er habe für die Gesellschaftswissenschaften das geleistet, was **Darwin** für die Naturwissenschaften leistete. Im *„Kapital"* werde bewiesen, dass der Kapitalismus dem Untergang geweiht sei. **Marxismus** sei **wissenschaftlicher Sozialismus.**

Nach Marx´ Tod 1883 war Engels zwölf Jahre ein führender Kopf des radikalen Sozialismus. Auch in dieser Zeit berief er sich auf Marx als Autorität, stellte ihn in den Vordergrund.

So erklärte er 1893 zum Abschluss des Kongresses der 2. Internationale in Zürich: *„Der unerwartet glänzende Empfang, den sie mir bereitet haben (...), ich nehme ihn an nicht für meine Person, sondern als Mitarbeiter des großen Mannes [= Karl Marx], dessen Bild dort oben hängt (...)*
Marx ist gestorben, aber wenn er heute noch lebte, so wäre nicht ein Mann in Europa und Amerika, der mit solchem Stolze zurückblicken könnte auf seine Lebensarbeit."

-    -   -   -   -   -   -

Anmerkung: Zitate als Propaganda

Etwa die Hälfte der hier abgedruckten Zitate stammt aus

privaten Briefen. [Engels und Marx gingen übrigens davon aus, dass ihre Briefe niemals veröffentlicht würden.] Die andere Hälfte der Zitate entstand mit Blick auf die Öffentlichkeit.

Wilhelm Liebknechts Texten ist leicht anzumerken, dass er besonders Mohr positiv darstellen wollte. Engels äußerte sich gleichermaßen: Mohr war *der Denker und der Schreiber*. Er, Engels, sei doch nur der unbedeutende Wasserträger gewesen. **Harold Laski** kommentierte das so: *„Nur wenige Männer haben sich jemals derart eifrig bemüht, auf Kosten der eigenen Bedeutung die Größe eines Kollegen nachzuweisen."*

Engels Äußerungen und sein Verhalten ersparte „Marxisten" das Problem, zwischen den Meinungen von Engels und von Marx differenzieren zu müssen. Marx spielte die erste Violine, Engels nur die zweite. – Und Gegner des „Marxismus" konnten zu ihrem eigenen Leidwesen nie süffisant auf gravierende Streitpunkte der siamesischen Zwillinge verweisen.

Hinter einer ganzen Reihe von in dieser Skizze aufgeführten Zitaten steckt die Absicht der Propaganda; um nach außen hin zu überzeugen und um den eigenen Reihen Selbstgewissheit zu vermitteln.

-     -   -   -   -   -   -

Friedrich Engels unterschlug allzu gern seinen Anteil am System des Marxismus. Mohr war der bessere Schreiber, der systematischere Denker. Aber es gelang ihm oft nicht, seine komplexen Gedankengänge so zu strukturieren, dass sie für Buchleser*innen verständlich blieben.
General beriet ihn; er kritisierte Mohrs Texte aus der Perspektive der Leser*innen. Mohr akzeptierte fast alle Korrekturvorschläge Generals.

Zudem besaß General gegenüber Mohr einen für an der

Praxis orientierte sozialistische Denker wichtigen Informationsvorsprung. Er kannte technische Abläufe in Handwerk und Fabriken, war vertraut mit Produktionsketten und Warenhandel. Dieses Wissen brachte Engels in seine Diskussionen mit Marx ein.
Während der langen Phase ihrer physischen Trennung [1850-1870: Engels in Manchester, Marx in London] bat Marx Engels öfter um Treffen, um mit ihm problematische Punkte beim Erstellen des *„Kapital"* zur diskutieren.

Engels änderte sein Verhalten bezüglich Marx auch nach dessen Tod nicht. Obwohl er allen Grund dazu gehabt hätte. 1883 fand General in Mohrs Haus nur Textfragmente und Kapitelüberschriften zu den Bänden 2 und 3 des *„Kapital"* vor [sowie Berge kaum lesbarer Notizblätter]. Friedrich Engels musste weitere elf Jahre [!] seines Lebens [1883 – 1894] geben, damit aus diesem Wust die Bände 2 und 3 des *„Kapital"* entstanden. Als deren Autor wurde Karl Marx genannt. Damit war Mohr der große Denker des wissenschaftlichen Sozialismus.

Zusammenfassend bleibt festzustellen: Ohne Generals Einsatz wüssten heute nur Fachwissenschaftler*innen von Karl Marx und seinen Ideen.

Eine letzte und für Engels typische Geste: Selbst für seine Bestattung erteilte er Anweisungen, die ihn hinter Marx verschwinden ließen. Im Gegensatz zu Mohr wollte er kein Grab [das als mögliche Erinnerungsstätte für ihn hätte dienen können]. Engels bestimmte, die Urne mit seiner Asche im Meer zu versenken.

- - - - - - -

Anmerkungen: 1. Engels als Mäzen
                2. Trauergäste

1.   Mäzen

Engels finanzierte Karl Marx und dessen Familie. { In seinem Testament vermachte er den drei Marx-Töchtern eine
Million engl. Pfund. } Denn allein von seiner journalistischen Arbeit und vom Erlös seiner Bücher konnte Marx
nicht existieren.

2. Trauergäste

Zwei bemerkenswerte Zahlen verdienen Beachtung.

Eine Schätzfrage: Wie viele Personen kamen 1883 zur
Trauerfeier für den verstorbenen Karl Marx?

   a)   390   b) 260   c) 130   d) 13
        Obwohl Marx eine Familie hatte, erschienen zur
        Trauerfeier für ihn insgesamt dreizehn Personen.

Engels dagegen hatte keine Familie, und er wünschte
ausdrücklich eine Trauerfeier im kleinen Kreis. An der für
ihn ausgerichteten Gedenkfeier nahmen 1895 fast achtzig
Personen teil.
Lässt sich dieser Zahlenunterschied allein dadurch erklären, dass 1895 die Infrastrukturen viel besser waren als
1883? Sagen die Zahlen nicht auch etwas aus über Wert-
schätzungen und Netzwerke aus?

- - - - - - -

General

war Friedrich **Engels´ Spitzname**. Den bekam er erst im Alter von fünfzig Jahren. Engels war 1841/2 in Berlin zum Artillerieoffizier ausgebildet worden und nahm 1849 auf Seiten der Republikaner an vier Schlachten teil. Deswegen musste er auch nach England flüchten. { Von Italien aus auf einem englischen Schiff. In Frankreich oder den deutschen Ländern hätte man ihn verhaftet. }
Während der 1850er Jahre kaufte er einem pensionierten Offizier dessen Militaria-Buchbestände ab. 1854 bewarb er sich während des Krimkrieges bei der **Daily Mail** als Kriegskorrespondent. Er wurde abgelehnt. { Sein Probeartikel soll zu anspruchsvoll gewesen sein. }

Friedrich Engels große Zeit als Militär-Experte schlug 1870 während des Deutsch-Französischen Kriegs. In Zeitungs-Artikeln prognostizierte er wichtige Ereignisse des Krieges. Seine Vorhersagen trafen ein. { Der preußische Generalstab vermutete, dass ein Offizier aus seinen Reihen Informationen an die Engländer weiterstach. }
Bewundernd verpassten die Marx-Töchter Engels den Titel *General*. Der unterschrieb einige seiner Briefe mit diesem Spitznamen.

Mohr

Heute fände dieser Spitzname als rassistische Verunglimpfung keine Duldung mehr. Doch im 19. Jahrhundert wurde **Karl Marx´ Spitzname** unbekümmert von seiner Familie und seinen Freunden verwendet. Das lässt sich durch Zitate belegen:

„Der Pfandleiher war so verblüfft, (…) daß er Mohr verhaften lassen wollte, der nur mit vieler Mühe (…) der Verhaftung entging," schilderte **Marx´ Tochter Eleanor** einen Vorfall im Pfandhaus.

Seine Tochter Jenny berichtete über Probleme ihres Vater bei der Überarbeitung der französischen Ausgabe des *Kapital:* *„Unglücklicherweise macht diese Art Korrektur Mohr ebensoviel, wenn nicht mehr Arbeit, als wenn er das ganze Ding selbst geschrieben hätte."*

Wilhelm Liebknecht beschrieb einen Ausflug: *„Eines Sonntags entdeckten wir … einen Kastanienbaum mit reifen Früchten: „Wir wollen sehen, wer die meisten herunter wirft!" … Mohr war wie toll… erst als die letzte Kastanie (…) erbeutet war, hörte das Bombardement auf. Marx konnte acht Tage lang seinen rechten Arm nicht bewegen."*

Friedrich Engels ärgerte sich 1860 über Karl Marx: *„(…) niemand ist schuld daran als der Herr Mohr selber mit seiner Gründlichkeit. (…) Wir machen die famosesten Sachen, aber wir sorgen stets dafür, daß sie nie zu rechten Zeit kommen und so fallen sie alle ins Wasser."*

Karl Marx bekam seinen Spitznamen Mohr bereits in jugendlichem Alter. Seine spätere **Frau Jenny** verpasste ihm diesen, *„wegen seines brünetten Teints und seines ebenholzschwarzen"* Haars.
{ Jenny von Westphalen nannte ihn auch *Böser Bube* und *Schwarzwildchen.* }

Welche Gemeinsamkeiten führten zu ihrem Bündnis ?

Friedrich Engels und Karl Marx waren nicht miteinander verwandt. Sie kannten sich auch nicht durch Schulen, Internate, Jugendcliquen, studentische Verbindungen. Als 1844 ihr berühmtes zehntägiges Treffen stattfand, war Engels 23 Jahre und Marx 26 Jahre alt. { Davor hatten sich schon einmal getroffen, aber nur sehr kurz. Dabei hielt besonders Marx auf Distanz. }

Während ihres zweiten Treffens [28.8. – 6.9.1844] entwickelten sie aufgrund vieler Gemeinsamkeiten große Sympathie füreinander. Erwähnt seien:

* Vier bedeutende Jahre: 1818 – 1821

1818   kam Karl Marx am 5. Mai zur Welt.

1819   kam in London am 24. Mai Prinzessin Viktoria von Kent zur Welt. 1837 wurde sie zur Königin von Großbritannien gekrönt und blieb bis 1901 Regentin des Landes.

Ihre glanzvolle Regierungszeit wurde als das Viktorianische Zeitalter bezeichnet: England war wirtschaftlich, wissenschaftlich, militärisch und politisch die Nummer eins der Welt.

Ab 1849 gewährte England zwei politischen Flüchtlingen Asyl: Friedrich Engels und Karl Marx.

1820   kam Friedrich Engels am 28. November zur Welt.

1821   starb am 5. Mai Kaiser Napoléon I. Bonaparte im Exil [St. Helena]. Er hatte die Landkarte Europas

[und besonders Deutschlands] verändert. Eine [mittelbare] Folge davon: Engels` und Marx´ Geburtsorte gehörten seit 1815 zu Preußen [genauer: zur Rheinprovinz].

Seine Gesetzgebung [1804: Code Napoléon / Code civil] setzte Standards. { Sie erst ermöglichte dem Juden Heinrich Marx, Jura studieren zu können. }

* Sie waren Zeitgenossen des 19. Jahrhunderts

Friedrich Engels
kam am 28. Nov. 1820 in Barmen zur Welt
und starb am 3. August 1895 in London

Karl Marx kam am 5. Mai 1818 in Trier zur Welt
und starb am 18. März 1883 in London.

Beide waren Revolutionäre, aber in vielen Punkten teilten sie die Ansichten ihrer Zeitgenoss*innen.

= Diese Welt war patriarchalisch:

Der Mann war der Ernährer [und Herrscher]. Marx´ Ehefrau Jenny lernte keinen Beruf. Als Frau fielen ihr die Rollen der Ehefrau und der Mutter zu.

= Ihr Weltbild war eurozentrisch und rassistisch

Für General und Mohr bezweifelten nie die Überlegenheit der weißen Ethnie.

Engels z.B. verachtete sogar Bretonen, Basken, Iren, Slawen und Dänen. 1848 argumentierte er während eines Konflikts mit Dänemark um Schleswig: Deutschland nehme sich Schleswig mit dem Recht der Zivilisation und des Fortschritts gegen die Barbarei [der Dänen].

Mit seiner Verachtung anderer Völker konnte er sich auf **Hegel** berufen. Der hatte in seinem Werk *„Enzyklopädie der philosophischen Wissenschaften"* festgestellt, dass nur die Völker am historischen Fortschritt teilhaben, die befähigt sind, Staaten zu gründen. Die anderen waren nach Engels Urteil *Völkerruinen. „Ihre ganze Existenz"* war *„ein Protest gegen die große geschichtliche Revolution."*

= Technik bewirkt positive Fortschritte

General und Mohr kannten in ihrer Kindheit und Jugend nur Kutschen als Fortbewegungsmittel für weite Reisen. Für sie bedeuteten Fahrten mit der modernen Eisenbahn viel schnellere und bequemere Fortbewegung.
Auch der Informationsaustausch erfolgte rascher: Briefe, die in London bis 9 Uhr zur Post gebracht wurden, erreichten noch am gleichen Tag ihre Empfänger*innen in Manchester.
Engels überquerte auf einem Dampfschiff den Atlantik, Marx das Mittelmeer.

Über Folgen dieser rasanten technischen Entwicklung machten sie sich wenige Gedanken. Ihnen war bewusst, dass verdreckte Luft und verschmutztes Wasser negative Auswirkungen hatten [besonders für die unteren Bevölkerungsschichten]. Aber diese Zustände würden sich verbessern.
An irreversible Folgen von Umweltverschmutzung und

Ressourcenverbrauch dachten die allerwenigsten. Positive Science-Fiction bestimmte die Sicht. Man konnte [die Bücher von Jules Verne lesend] in 80 Tagen einmal um die Welt reisen und von Flügen zum Mond träumen.

= Der Krieg ist der Vater aller Dinge.

Otto von Bismarck formulierte es prägnant: *„(...) nicht durch Reden und Majoritätsbeschlüsse werden die großen Fragen entschieden – das ist der Fehler von 1848 und 1849 gewesen - sondern durch Eisen und Blut. (...)"*
[Rede vom 30.9.1861 vor der Budgetkommission des Preußischen Abgeordnetenhauses]

General und Mohr waren Zeitzeugen der brutalen Niederschlagung von Streiks durch das Militär. Friedrich Engels nahm selbst 1849 auf Seiten der Republikaner an vier Schlachten in Süddeutschland teil.
Bei seinen Überlegungen zur Durchsetzung kommunistischer Forderungen spielte die Bewaffnung der Arbeiter eine wesentliche Rolle: Wenn die Proletarier 1/3 aller zur Wehrpflicht Berufenen stellen, können sie nicht mehr ignoriert werden...

= *Duelle*

Während des 19. Jahrhunderts übernahm das aufstrebende Bürgertum Gebräuche des Adels. Dazu gehörte die Praxis des Duellierens. Nur wer ebenbürtig war [= satisfaktionsfähig], konnte zum Duell fordern.
{ Ferdinand Lassalle, der Gründer des Allgemeinen Deutschen Arbeitervereins, kam 39-jährig 1864 durch ein Duell ums Leben. }

General
duellierte sich [mehr übungshalber] als 17-Jähriger. Seine Familie wusste das nicht. Er berichtete darüber brieflich einem der Brüder **Graeber**: *„(...) mit dem zweiten hab´ ich mich gestern geschlagen und ihm einen famosen Abschiss über die Stirn beigebracht, so recht von oben herunter, eine ausgezeichnete Prime."*

Gut zehn Jahre später war er bereit, sich mit **Moses Hess** zu duellieren. Dessen Frau hatte er verführt.

Mohr
duellierte sich einmal, als Student in Bonn. Sein Vater schrieb verärgert: *„Und ist denn das Duelliren so sehr mit der Philosophie verwebt?."*
Ein weiteres Duell redeten ihm 1839 Freunde aus. Marx wollte sich duellieren, weil eine **abwertende Äußerung über seine Verlobte** Jenny von Westphalen gefallen war. Diese Kränkung wollte Marx nicht hinnehmen.

Auch im späteren Lebensalter äußerte sich Mohr positiv zur Möglichkeit, sich zu duellieren. Bei Thema Duell verließen die siamesischen Zwillinge die Denk- und Verhaltensmuster ihrer bürgerlichen Gesellschaftsschicht nicht.

* Herkunft: [eine junge] preußische Provinz

General stammte aus Barmen [heute ein Stadtteil Wuppertals]. Barmen war erst seit 1808 Stadt [mit 19.500 Einwohnern 1819] und lag an der Wupper. Wegen der immer stärker werdenden Industrialisierung stieg die Einwohnerzahl kräftig [1861: 50.000]. Die Stadt war protestantisch geprägt.

Mohr stammte aus der ältesten Stadt Deutschlands: Trier [1831: 14.700 Einwohner; 1875: 22.100 Einwohner]. Dort regierte [in jungen Jahren] der römische Kaiser Konstantin. Wohlwollend lässt sich sagen: Trier war 2000 Jahre lang ununterbrochen Verwaltungszentrum seines „politischen" Bezirks. Wirtschaftlich hing die Region von Weinanbau und Holzhandel ab. Trier war katholisch geprägt.

In beiden Städten galt für wenige Jahre Napoelons *Code civil,* bevor sie 1815 zur neuen und ungeliebten Peripherie Preußens geschlagen wurden. Es ist kein Geheimnis: Preußen hatte bei der Neugliederung Deutschlands während des Wiener Kongresses [1814/15] gehofft, sich Teile Sachsens einverleiben zu können. Ehemalige Gebiete des Trierer Bischofs und der Wittelsbacher [Jülich-Berg: Barmen] waren nur eine Zweitlösung.

Umgekehrt fanden die neuen rheinischen Untertanen keinen Gefallen daran, Preußen zu werden. Sie hatten die Vorteile des *Code zivil* genossen und wussten: Gerade in Preußen wurde das Bürgertum gegenüber dem Adel benachteiligt.

General und Mohr sogen diese kritische Haltung gegenüber der neuen Regentschaft als Kinder und Jugendliche auf. Sie stammten aus einer Gesellschaftsschicht, die auf Veränderungen hoffte und sie anstrebte. Als junge Männer dachten sie wesentlich radikaler an mögliche politische Veränderungen. Die wurden das Lebensthema der beiden.

* Beide stammen aus gutbürgerlichen Familien

General und Mohr stammten beide aus gut situierten Familien. Die Väter des Kommunismus zählten sich zu Mitgliedern des ehrbaren Bürgertums und pflegten bis zu ihrem Tod dessen Lebensstil.

General

Die Familie Engels besaß eine große Tuchmacherfabri-
kation. In Barmen gehörten ihr weite Teile eines Tals.
Engels´ Mutter war Tochter eines Pfarrers, sein Vater
gründete mit den niederländischen Brüdern Ermen eine
Fabrik in Manchester.
Dort wirkte General von 1850 bis 1869 als Unternehmer.
Bei seinem Ausscheiden erhielt er über eine Million Pfund
[in heutiger Währung]. Durch Aktienspekulationen steigerte er diese Summe, trotz vielfältiger Ausgaben bis zu
seinem Tod 1895. Er war Sozialist und Millionär. In London
lebte er in einem gemieteten Haus.

Sein Lebensstil wich in einem wichtigen Punkt vom gutbür-
gerlichen Lebensstil ab: Im Prinzip war er *nie verheiratet.*
Ganz offen besuchte er Bordelle und brachte Prostituierte
zu Treffen der sozialistischen Gruppen mit. Stefan Born
berichtete über die Silvesterfeier 1847 in Brüssel: *„Unter
den Anwesenden befand sich Marx mit seiner Frau und
Engels mit seiner – Dame. (...) Es war jedenfalls oberkühn
von Engels durch die Einführung seiner Mätresse in diesen
meist von Arbeitern besuchten Kreis an einen, den reichen
Fabrikantensöhnen so oft gemachten Vorwurf zu erinnern, daß sie die Töchter des Volkes in den Dienst ihrer
Freuden zu ziehen wissen (...)"*

Mohr

Das Vermögen der Anwaltsfamilie Marx reichte nie an das
der Unternehmerfamilie Engels heran. Immerhin: Auch sie
lebte in ansehnlichem Wohlstand. Wer nach Tier fährt,
kann das weiträumige Haus besichtigen, in dem die Familie Marx lebte.
Mohrs Vater Heinrich Marx war angesehener Anwalt, und
seine Mutter stammte aus einer niederländischen Familie.
{ Allerdings sah sich Marx´ Vater etwa um 1817 herum

veranlasst, seine Religion zu wechseln. Nur so konnte er [ursprünglich war Heinrich Marx Jude] weiter als Anwalt tätig sein. Er wechselte im katholischen Trier vom jüdischen zum protestantischen Glauben. }
Sein Sohn Karl machte 1843 machte eine gute Partie, als er die Tochter des preußischen Regierungsrats **Julius von Westphalen** heiratete [nach siebenjähriger Verlobungszeit].

Ihrem bürgerlichen Stand gemäß verfügten **Jenny Marx, geb. von Westphalen** und ihr Mann Karl Marx über ein **Dienstmädchen: Helene Demuth**. Sie arbeitete seit 1845 ununterbrochen bis zum Tod ihrer Herrschaft [Jenny 1882/Karl 1883] im Marxschen Haushalt. Helene Demuth blieb der Familie Marx selbst in den Zeiten treu, in denen sie sich nur zwei Zimmer [!] leisten konnte.

Mohr legte Wert auf bürgerliche Fassaden. Es sind Briefe erhalten, in denen er sich sehr verstimmt über einen Vorschlag **Ferdinand Lassalles** äußerte. Der mit einer Adligen befreundete deutsche Arbeiterführer besuchte Marx in London. Mohr erzählte ihm, wie gering seine Geldmittel waren. Da schlug Lassalle vor, seine Freundin, eine Gräfin, könne Mohrs´ Tochter Jenny als Gesellschafterin anstellen. Marx war außer sich: Seine Tochter sollte ein Arbeitsverhältnis eingehen? So arm war er nun doch nicht!

Bei General und Mohr klaffte zwischen politischer Einstellung und Lebensgestaltung ein Widerspruch: Ihre Herzen schlugen für die Proletarier. Doch sie selbst verließen nie den Lebensstil des gehobenen Bürgertums.
Für beide gilt außerdem, dass sie zu Beginn ihrer Karrieren keine Sozialisten waren.

* Beide waren die „Kronprinzen" ihrer Familie,
     und beide widersetzten sich
     den Plänen ihrer Väter

General

war das älteste von neun Kindern:

Die Kinder von Elisabeth und Friedrich Engels sen.:

Friedrich [1820-1895]

Hermann [1822-1905],   Marie   [1824 -1901],

Anna   [1825-1853],   Emil   [1828-1884],

Hedwig   [1830-1904],   Rudolf [1831-1903],

Wilhelm [1832-1833],   Elise   [1834-1912].

Der Fabrikant Friedrich Engels Senior plante für seinen ältesten Sohn eine Unternehmerkarriere. Er nahm ihn noch vor dem Abitur vom Gymnasium und ließ ihn in Bremen und Manchester kaufmännisch ausbilden. Später sollte General die Leitung einer neuen Produktionsstätte in Engelskirchen übernehmen.

Doch der ging zum Unwillen seines Vaters als Offiziersanwärter nach Berlin [Garde Fußartillerie Regiment] Er besuchte Vorlesungen an der Universität und knüpfte Kontakte zu Linkshegelianern.
Später lernte General **Moses Hess** kennen, der ihn für den Sozialismus einnahm. 1842-1844 lernte und arbeitete General in Manchester.

Als er nach Barmen zurückkehrte, erklärte Engels, dass er auf keinen Fall weiter „Schachern" wolle. Unternehmer zu werden, vertrug sich nicht zu seiner neuen sozialistischen

Weltanschauung. Stattdessen verfasste er sein Buch über „Die Lage der arbeitenden Klasse in England" und warb gemeinsam mit Moses Hess in Unternehmerkreisen für den Kommunismus.

Die Polizei hatte ein Auge auf ihn, und General soll Barmen verlassen haben, um einer Verhaftung zuvorzukommen und seiner Familie Ärger zu ersparen. Mit verkürzten Geldzuwendungen zog er schließlich in Mohrs Nachbarschaft [der lebte inzwischen in Brüssel].

Mohr

kam als das dritte Kind von Henriette und Heinrich Marx zur Welt. Doch sein älterer Bruder Moritz starb 1819 als Kleinkind.
Das zweite Kind war seine Schwester Sophie. Als Mädchen nahm sie in der patriarchalischen Welt eine untergeordnete Stellung ein. Damit fiel die Rolle des „Kronprinzen" an Karl.

Die Kinder von Henriette und Heinrich Marx

	Geburt	Tod			
1 Mauritz	1815	1819			
2 Sophie	1816			1886	
3 Karl	**1818**			**1883**	
4 Hermann	1819		1842		
5 Henriette	1820		1845		
6 Louise	1821				1893
7 Emilie	1822			1888	
8 Caroline	1824		1847		
9 Eduard	1826	1837			

Mohr studierte nach dem Abitur anfänglich in Bonn Jura

[und trat damit in die Fußstapfen seines Vaters]. Er spielte aber auch mit dem Gedanken, Schriftsteller zu werden, studierte nach einem Jahr in Berlin und wandte sich dort zusätzlich der Philosophie zu.

Der Vater ärgerte sich sehr über die wenige Post, die Mohr der Familie schrieb und noch mehr über den leichtfertigen Umgang seines Sohnes mit Geld. Er konnte Mohr den Gedanken ausreden, Literaturkritiker zu werden. Karl Marx hielt es offen, ob er nicht weiter Jura studieren würde. Nach dem plötzlichen Tod des Vaters 1838 wandte er sich ausschließlich der Philosophie zu und wurde 1841 Doktor der Philosophie.

Auch in Sachen Religion entfernte sich Marx vom Standpunkt seines Vaters. Der schrieb ihm 1835: *„Doch ein großer Hebel für die Moral ist der reine Glaube an Gott. Aber dieser Glaube ist dem Menschen früh oder spät wares (Bedürf)niß, und es giebt Augenblicke im Leben, wo auch der Gottesläugner (...) zur Anbetung des Höchsten hingezogen wird. (...) denn was Newton, Locke und Leibnitz geglaubt, dem darf sich jeder (...) unterwerfen.“*

Karl Marx jedoch verstärkte seine Kontakte zu linkshegelianischen Philosophen, die mit der Idee eines christlichen Preußen nicht einverstanden waren. Konsequent wandte sich Marx gegen das Christentum. Ein neues Deutschland musste entstehen, von den negativen Ansprüchen und Fesseln der Religion befreit.

Radikal nahm Mohr Abstand von den beruflichen Plänen seines Vaters für ihn, ebenso von dessen religiösem Denken.

- - - - - - -

Anmerkung: Karl Marx war kein Jude

„Viele Juden und Flöhe hierselbst!"
teilte Mohr am 25.8.1879 General aus Ramsgate mit.

Was macht einen Juden zum Juden? Zwei Möglichkeiten gäbe es:
Seine Religionszugehörigkeit [Wenn er sie bejaht.] oder seine „Abstammung": das Erbgut, das innerhalb seiner Ethnie von Generation zu Generation weitergegeben wird [Jedoch: Dieses „Erbgut" bestimmt keinen Menschen *absolut*.].

Zur Religionszugehörigkeit
Karl Marx war radikaler Atheist, auch wenn er als Jude auf die Welt kam [als Sohn seiner 1818 noch jüdischen Mutter] und 1824 als Christ getauft wurde.

{ Sein radikaler Atheismus wurde bei der Erstellung der Deutsch-Französischen Jahrbücher 1843/4 zu einem Problem. Viele Kommunisten im „ungläubigen" Frankreich dachten positiv über das Christentum. Doch Mohr lehnte jede Diskussion über ihren in seinen Augen lächerlichen Standpunkt ab. }
Marx betrachtete Religion als Opium des Volkes { Übrigens empfahlen Ärzte ihm Opium als Medizin. Sowie die phasenweise tägliche Einnahme von Brandy. } Für Mohr war religiöses Denken unvereinbar mit einem rationalen Staat oder menschlicher Emanzipation.

„Abstammung": Zu Ethnien und ihrem „Erbgut"

Auch in die genetische Schublade passt Karl Marx nicht.

Erstens gibt es keine „reinrassige" jüdische Ethnie. Zwischen der kleinen Gruppe der Juden und den Völkern in ihrer unmittelbaren Umgebung gab und gibt es seit 3.000 Jahren unausweichlich sexuelle Kontakte [aus ganz normalen Gründen: sexuelle Anziehung, romantische Liebe, nützliche Familien- und Ehebündnisse, rohe Gewalt...].

Zweitens spielt die Ethnie keine entscheidende Rolle für die Prägung eines Menschen. Es gibt kein Juden-Gen. Kein Jude/keine Jüdin wird mit dem genetischen Befehl geboren, die Welt unter jüdische Kontrolle zu bringen. Dass „die Juden" zwecks Weltherrschaft Demokratie, Liberalismus, Kommunismus und anderes... ersannen, sind Erfindungen von Verschwörungs-Theoretiker*innen.

Vererbung oder Umwelt?

Was bewirkt die Eigenschaften und Fähigkeiten jedes einzelnen Individuums? Was prägt Menschen, was entscheidet darüber, ob sie ... musikalisch sind... zu Migräne neigen... oder ... ?
Der aktuelle Forschungsstand geht von mehreren Faktorengruppen aus, außer den genetischen z.B. auch historisch-mentalen { z.B. „europäischer" Unfähigkeit zu unbefangenem Umgang mit Sexualität }.
Die Einteilung der Menschheit in Rassen, deren Erbgut die Eigenschaften von Nachkommen zu hundert Prozent festlegt, ist wissenschaftlich nicht mehr haltbar [Genome ändern sich.]. Das von seinen Eltern weitergegebene Erbgut allein macht kein Kind jüdischer Eltern zu „einem Juden".

Wer also { Wenn auch in bester Absicht[!] } Karl Marx als Juden bezeichnet, geht Antisemiten und Rassisten auf den Leim.

- - - - - - -

Sie waren in den provinziellen Städten Barmen und Trier aufgewachsen. General lebte über ein Jahr in der Metropole Bremen und Mohr ein Jahr in der Universitätsstadt Bonn. Beide wollten jedoch auch nach Berlin, ins Zentrum Preußens,. Für beide dürfte die dortige Universität der eigentliche Anziehungspunkt gewesen sein.

Die **Berliner Universität** entstand 1810 im Rahmen der kurzen preußischen Reformära. Das von **Napoleon Bonaparte** besiegte Preußen musste sich neu aufstellen. Die Gründerväter der Universität, **Wilhelm von Humboldt** und **Karl Freiherr vom Stein zu Altenstein,** organisierten sie nach liberalen Prinzipien. So gewannen sie eine Reihe brillanter Wissenschaftler. Schon kurz nach ihrer Gründung galt die Berliner Universität als eine der besten der Welt.

Tatsächlich lehrten dort Wissenschaftler, deren Namen noch immer bekannt sind: anfangs der Jurist **Friedrich Carl von Savigny**, der Historiker **Barthold Georg Niebuhr**, die Philosophen **Fichte, Hegel, Schelling**, der Theologe **Friedrich Wilhelm Schleiermacher**, der Geograph **Carl Ritter**, die Mediziner **Christoph Wilhelm Hufeland.**

General
hatte doch kein Abitur? Richtig, aber als Offiziersanwärter { 1841/2 erfolgte seine Ausbildung in der Garde-Artillerie-Kaserne im Kupfergraben. } hatte er das Recht, Vorlesungen zu besuchen. Zum Beispiel die des Philosophen **Schelling**. Dessen Ideen kritisierte Engels unter Verwendung seines **Pseudonyms Friedrich Oswald**.

44

General suchte oft das Cafe Stehely auf und knüpfte dort Kontakte zu jenen linkshegelianischen Kreisen, die auch Mohr schon gekannt hatte. Er lernte jene Männer kennen, zu denen er wenige Jahre später gemeinsam mit Marx auf Distanz gehen sollte: Marx´ Mentor **Bruno Bauer**, dessen Bruder **Edgar Bauer**, den Philosophen **Max Stirner**, den ehemaligen Privatdozenten **Arnold Ruge** und andere.

Nach der Veröffentlichung von **Feuerbachs „Das Wesen des Christentums"** wurde Friedrich Engels zu einem Atheisten { *„Wir waren alle momentan Feuerbachianer"*, erinnerte er sich später an diese Zeit }.

Bereits seine kaufmännische Ausbildung in Bremen hatte General nicht mit dem größten Eifer absolviert. Auch die Offiziersausbildung nahm er mit Humor und Ironie. So schrieb und zeichnete er in einem Brief an seine Schwester Marie: *„Hier siehst du mich in Uniform, wie ich meinen Mantel sehr romantisch und malerisch, aber ungeheuer vorschriftswidrig umgehängt habe.*

Würde ich so über die Straße gehen, so wäre ich jeden Augenblick in Gefahr, in Arrest geschickt zu werden (...) Denn wenn ich schon auf der Straße nur einen Knopf an der Uniform oder eine Krampe am Kragen offen habe, so kann mich jeder Offizier oder Unteroffizier in Arrest schicken. Du siehst, es ist gefährlich, Soldat zu sein, auch im Frieden."

Mohr
wechselte nach nur einjährigem Studium in Bonn zur Berliner Universität. { Außer der Teilnahme an Vorlesungen vermerkte die Bonner Universität Ermahnungen wegen Trunkenheit und Waffentragens. }

In Berlin hörte Marx Vorlesungen in Jura [bei den Kontrahenten Gantz und Savigny]. Anfangs hegte er die große Hoffnung, Schriftsteller zu werden [siehe nächster Abschnitt]. Dieser Lebensplan scheiterte, Marx erkrankte, machte eine Kur und begann, sich intensiv mit Hegel zu befassen.

Er wandte sich der Philosophie zu und fand sein Lebensthema, den Philosophen Hegel, an dem er sich sein ganzes Leben lang abarbeitete. Er stieß zum Kreis der oben aufgezählten Linkshegelianer, war für Fortschritt, aber noch kein Sozialist.

Wichtig für ihn wurde der Dozent **Bruno Bauer**, der ihn beim Schreiben seiner Doktorarbeit beriet. { Marx´ Doktorarbeit wurde zwei Wochen nach ihrer Einreichung von der Universität Jena anerkannt. } Mohr hoffte, danach in Bruno Bauers Umfeld Dozent für Philosophie werden zu können. Das scheiterte mit Bauers Entlassung durch Preußen 1842.

-    -   -   -   -   -   -

Anmerkung 1 : Auf welche Denker bezog sich Karl Marx?

Natürlich auf mehr als die drei, die hier aufgezählt werden. Doch sie prägten Begriffe, die auch für den Marxismus wichtig wurden. Auf diese beschränkt sich der folgende unvollständige Überblick.

"Die Philosophen haben die Welt nur verschieden interpretiert, es kömmt darauf an, sie zu verändern."

Karl Marx, Thesen über Feuerbach, 1845

Georg Wilhelm Friedrich Hegel   [1770 – 1831]

"Bei Hegel stand die Dialektik auf dem Kopf,
ich habe sie wieder auf die Füße gestellt."

Karl Marx

Hegels unbestrittene Leistung: Er ist der "Systematiker" des _Idealismus_. Dieser setzt voraus: Während seines Lebens stellt sich der Mensch sittlichen und kulturellen Aufgaben. Um das zu leisten, bezieht er sich selbst auf ein _Ideal_ und richtet sein Verhalten nach dessen Normen. Als transzendentales Ideal ist Gott höchster Gegenstand der Erkenntnis.

Hegels Weltphilosophie ist die Vollendung des deutschen Idealismus. Er dachte die Welt als ein Ganzes; erlaubte sich vom Gipfel seiner Philosophie herab einen umfassenden Blick auf die Welt und stellte fest: _"Das Wahre ist das Ganze."_
In seinem Werk _"Enzyklopädie der philosophischen Wissenschaften"_ umriss Hegel eine Gesamtschau der Welt durch die Philosophie. An deren Anfang steht die Logik und am Ende das absolute Wissen.

Erkenntnis durch Dialektik

Hegel machte sich daran, Widersprüche im dialektischen Denksystem sinnvoll zu verknüpfen. Denn Zusammenhänge begreifen wir nur, wenn wir uns auf Widersprüche einlassen und dabei neue Ideen entwickeln.

Die Dialektik stellt Widersprüche in einen systematischen

47

Zusammenhang und zwar anhand der drei Schritte
1.These -2. Antithese - 3. Synthese.

Hegel selbst sprach von
1. Affirmation − 2. Negation - 3. Negation der Negation.

Eine erste These [These Nr. 1] und ihre Antithese
[=These Nr. 2] werden in einem dritten, der Synthese
[= These Nr. 3], zu einer neuen Einsicht verknüpft.
Damit ist ein erstes Ziel erreicht.
Zu jeder ersten Synthese findet sich irgendwann eine
zweite Antithese. Somit muss aus diesen beiden eine
zweite Synthese entwickelt werden. Der wiederum wird in
späterer Zukunft eine dritte Antithese gegenübergestellt
werden können.
Der dialektische Erkenntnisprozess findet sein Ende in der
Absoluten Idee.

Ein Beispiel für Dialektik

These	das feudale Monopol
Antithese	die Konkurrenz
Synthese	das moderne Monopol

Das moderne Monopol ist
1. die Negation des feudalen Monopols,
        denn es gibt Konkurrenz
und 2. die Negation der Konkurrenz,
        denn es gibt Monopole.
Somit wurde das moderne Monopol, das bürgerliche Monopol, zur Negation der Negation. { = Gegensätze verknüpfen sich zu einer Einheit. }

Entfremdung

Hegel erläuterte „Entfremdung" so: Gibt es Herren und Knechte, ist das Selbstbewusstsein beider eingeschränkt. Befiehlt der Herr dem Knecht, für ihn einen Tisch zu zimmern, erkennt der Knecht, dass die Ziele seines Herren ihn einschränken.

Aber auch der Herr ist eingeschränkt. Denn der Knecht hat kein ihm gleichwertiges Selbstbewusstsein. Damit fehlt dem Herrn ein Gegenüber.

Jeder Einzelne bildet die Widersprüche der Herr-Knecht-Beziehung in sich selbst nach. Auf diese Weise entfremden sich beide Personen von ihrem Bewusstsein.

Marx erklärte später, dieses falsche Bewusstsein könnte durch Veränderungen sozialer Systeme aufgelöst werden.

1843 artikulierte Mohr in seiner *"Kritik des Hegelschen Staatsrechts"* seinen Widerspruch zu Hegel. Der Idealist Hegel habe den Staat zum Geschöpf einer Idee erklärt. Doch der moderne Staat entstand nach Marx ganz materiell, nachdem Handel und Grundbesitz eine unabhängige Existenz erlangt hatten.

Zusätzlich habe Hegel in seinem System die Verfassung zu einer besonderen Wirklichkeit neben dem wirklichen Volksleben ausgebildet. Hegels sittliche Idee sei ausgerechnet die des Privateigentums. Dieses sei keine Stütze der Verfassung, es mache im Gegenteil rationale Staaten unmöglich.

Bruno Bauer [1809 – 1882]

Bruno Bauer gehörte zu den besten Studenten Hegels. Ab 1834 als Privatdozent an der theologischen Fakultät in Berlin tätig, entwickelte sich Bauer nach und nach zum Linkshegelianer und zu einem radikalen Atheisten.

Zentraler Begriff für Bauers Denken wurde das **Selbstbewusstsein**, wobei er auf Überlegungen Hegels zurückgriff.
Selbstbewusstsein bedeutete nach Bauer die Distanzierung von jeder Art religiösen Glaubens. *"Das realisierte Selbstbewusstsein ist jenes Kunststück, dass das Ich sich einerseits wie in einem Spiegel verdoppelt und endlich nachher, wenn es sein Spiegelbild Jahrtausende lang für Gott gehalten hat, dahinterkommt, dass jenes Bild im Spiegel es selber sey. [...]"*

1840 erklärte Bruno Bauer, die Evangelien seien keine Tatsachendarstellung. Sie widersprächen der Natur und der Geschichte und seien lediglich Produkte religiösen Bewusstseins. Bauer ging so weit, zu behaupten, dass es keinen historischen Jesus gegeben habe.

Wenige Jahre später gingen Marx und Bauer auf Distanz. Bauer akzeptierte nicht, dass Marx Feuerbachs Verfahren der Religionskritik auch auf die Politik übertrug. Er kritisierte nur den "christlichen Staat", nicht aber den Staat als solchen.

Ludwig Feuerbach [1810 – 1885]

1841 schrieb Feuerbach in *"Das Wesen des Christentums"* Religion sei eine entfremdete Form menschlichen Gefühls.

Sein Argumentationsschema ist als **Projektionshypothese** bekannt. Gefühle des Menschen nehmen in einem "äußeren Wesen" Gestalt an. So projizierte der Mensch sein eigenes Wesen als Gattung auf ein fiktives Wesen, nämlich Gott. Fortan schien es so, dass Gott den Menschen geschaffen habe und nicht umgekehrt.

Der Protestantismus habe die spirituelle Gemeinschaft der mittelalterlichen Religion aufgelöst und eine materielle Welt befördert, die aller Heiligkeit beraubt sei. Ausgerechnet die Hegelsche Philosophie habe den Menschen von sich selbst entfremdet. An Hegel kritisierte Feuerbach, dass er mit dem *absoluten Geist* in der Geschichte die christliche Theologie nur erweitert habe.

Das Christentum habe den Menschen von seinen Gefühlen entfernt, Hegel habe den Menschen von seinem Denken entfernt. Der Idealismus irre, wenn er Ideen nur aus dem *Ich* ableite, ohne das sinnlich gegebene *Du* zu berücksichtigen. Denn *"zwei Menschen gehören zur Erzeugung des Menschen - des geistigen so gut wie des physischen."*

Marx erweiterte Feuerbachs Ansatz von der Religion auf die Politik. Feuerbach hatte erklärt, durch die Rückübersetzung von Abstraktionen in natürliche und historische Phänomene sei es möglich, zur unverhüllten Wahrheit zu gelangen. Marx folgerte daraus: Nicht die Verfassung schaffe das Volk, sondern das Volk die Verfassung.

Anmerkung 2: Karl Marx´ Doktorarbeit 1841

Marx versuchte in seiner Doktorarbeit Aufklärung und preußischen Staat zu verbinden. Er befasste sich mit dem Philosophen Epikur. Dessen Lehre lehnten besonders Romantiker [und Konservative] ab, weil sich die französischen Materialisten auf ihn bezogen. Die verstanden Menschen als Maschinen, sprachen ihnen Seele und Willen ab. Alle Aktionen der Menschen liefen determiniert ab.

Karl Marx argumentierte, Epikurs Philosophie sei bisher missverstandenen worden. Sie sei vorbereitend für die Aufklärung und prinzipiell auch für den preußischen "Staatsphilosophen" Hegel. Mit dieser Argumentation versuchte Marx Einfluss auf die politische Entwicklung Preußens zu nehmen. Denn 1840 starb König Friedrich Willhelm III.

Mit dem Amtsantritt Friedrich Wilhelm IV., seines Nachfolgers, wuchsen Hoffnungen auf Veränderungen [die sich später nicht erfüllten].
Marx vertrat in seiner Doktorarbeit die Argumentationslinie, Preußen sei ein Staat der Aufklärung. Er untersuchte, wie Epikur die Atome verstand und stellte Unterschiede in der Deutung der Atome zwischen Heraklit und Epikur fest. Heraklit habe tatsächlich jenen Determinismus im Verhalten der Atome vertreten, der Epikur vorgeworfen werde.
Aber Epikur habe betont, dass Atome sich nicht immer gleich verhalten. Sie können sich abstoßen oder anziehen, haben damit Gelegenheit zu eigener Reaktion. Damit aber, dass die Atome "eigene" Handlungsmöglichkeiten haben, ist ein rein mechanistisches Gestalten von Lebewesen

durch die Natur nicht möglich. Somit können sich "Materialisten" nicht mehr auf Epikur berufen.

Im Gegenteil: Ist in den Variationsmöglichkeiten der Atome nicht schon menschliches Selbstbewusstsein angelegt? Diesem Gedanken aber folgte die Aufklärung, somit letztlich auch Hegel und der preußisch [-protestantische] Staat.

Marx reichte die Doktorarbeit am 6. April 1841 in Jena ein, weil er dort eher mit Anerkennung rechnen konnte. Bereits am 15. April wurde ihm der Doktortitel zugesprochen. { Das Verfahren lief so rasch ab, weil Marx von Professor **Oskar Wolff** instruiert worden war, welche Dokumente der Arbeit beigefügt werden mussten. }

- - - - - - -

* General und Mohr verfassten literarische Werke

Wer Interesse hat, kann in diesen Texten herumstöbern. Literaturwissenschaftler*innen haben sie ausführlich untersucht und bewertet.

General

Während seiner Ausbildungszeit in Bremen unternahm Friedrich Engels verschiedenste Aktivitäten. Dazu gehörten auch literarische Versuche. Engels verfasste ein Theaterstück über den germanischen Helden Siegfried [das er nicht vollendete]. Ein Hauptpunkt war die Auseinandersetzung Siegfrieds mit seinem Vater. Vermutlich reflektierte General darin Erfahrungen mit seinem Vater, der ihm eine kaufmännische Ausbildung aufdrängte.

Als Lyriker hatte Engels Erfolg: Das **„Bremische Conver-sationsblatt"** veröffentlichte eines seiner Gedichte. Doch zu Engels Verärgerung wurde die letzte Strophe verändert.

Die meiste Zustimmung fanden seine journalistischen Texte. Er schrieb Reiseberichte und Theaterkritiken im **„Telegraph für Deutschland".** Im Vormärz [Zeitraum von 1815-1848] durfte direkte politische Kritik nicht veröffentlicht werden. Doch Artikel über Kultur und Reisen boten hervorragende Möglichkeiten zu Andeutungen, die Leser*innen gierig entschlüsselten.

Beim Schreiben seiner Texte nutzte Engels das **Pseudonym *Friedrich Oswald.*** So konnte er seine Meinung äußern, ohne im Kontor des Handelshauses Leupold [in dessen Obhut hatte sein Vater ihn gegeben] oder mit der eigenen Familie in Schwierigkeiten zu kommen.

Den größten Widerhall fanden die insgesamt sechs **„Briefe aus dem Wuppertal".** Der 18-jährige General schilderte seine Heimat mit ironischem Abstand. Friedrich Oswald vermeldete über seine Heimat: *„Der schmale Fluß ergießt (...) seine purpurnen Wogen zwischen rauchigen Fabrikgebäuden und garnbedeckten Bleichen hindurch; aber seine hochrote Farbe rührt (...) von den vielen Türkischrot-Färbereien. (...)*

die katholische Kirche (...) ist im byzantinischen Stil nach einem sehr guten Plan von einem sehr unerfahrenen Baumeister sehr schlecht ausgeführt (...)

Dieses Gebäude hieß früher das Museum, die Musen aber blieben weg, und eine große Schuldenlast da, so daß vor einiger Zeit das Gebäude verauktioniert wurde und den Namen Casino annahm (...)

Das Arbeiten in den niedrigen Räumen, wo die Leute mehr Kohlendampf und Staub einatmen als Sauerstoff, und das meistens schon von ihrem sechsten Jahre an, ist grade dazu gemacht, ihnen alle Kraft und Lebenslust zu rauben. (...) Was von diesen Leuten dem Mystizismus nicht in die Hände gerät, verfällt ins Branntweintrinken. (...)

Die reichen Fabrikanten aber haben ein weites Gewissen, und ein Kind mehr oder weniger verkommen zu lassen, bringt keine Pietistenseele in die Hölle, besonders, wenn sie alle Sonntage zweimal in die Kirche geht. (...)

(...) da wird der Wandel eines jeden (...) rezensiert, da heißt es: Der und der liest Romane (...) der und der ist vorgestern im Konzert gesehen – und sie schlagen die Hände über dem Kopf zusammen vor Schreck über die greuliche Sünde. (...)

[Über die Pietisten:] Dann steht auch geschrieben: Die Weisheit Gottes ist den Klugen dieser Welt eine Torheit; dies ist für die Mystiker ein Befehl, ihren Glauben recht unsinnig auszubilden, damit doch ja dieser Spruch in Erfüllung gehe.

Karl August Döring, Prediger in Elberfeld, ist Verfasser einer Menge von prosaischen und poetischen Schriften; von ihm gilt Platens Wort: Sie sind ein wasserreicher Strom, den niemand bis zu Ende schwimmt.

Die offene und freche Darstellung der Verhältnisse im Wuppertal fand anerkennende Leser*innen. In Barmen stellte man allerdings empört die Frage, wer die dortigen

Zustände derart heftig kritisieren könne. Seinem ehemaligen Klassenkameraden **Friedrich Graeber** verriet General, dass er der Verfasser sei. Er bat den Mitwisser um unbedingtes Schweigen.

Mohr

Zu Beginn seiner Studienzeit verfolgte Karl Marx ernsthaft die Absicht, sich beruflich mit Literatur [als Autor oder als Kritiker] zu befassen. Als Student in Bonn schloss er sich dem *Poetenbund* an, was sein Vater sehr begrüßte.

Nach dem Wechsel nach Berlin verfasste Mohr zwei **Gedichtbände** für seine Verlobte und eines für seinen Vater, eine Tragödie *„Oulanem"* und den humoristischen Roman *„Scorpion und Felix"*.

Im Folgenden Auszüge aus zwei Gedichten, die Marx 1836 für seine spätere Frau schrieb [*„Buch der Lieder"*, 2. Teil]:

ABENDSTUNDE

Die Lampe brennt so stille,
und wirft mir milden Schein.
Sie scheint mit mir zu klagen
Als kennt sie meine Pein.

Sie sieht mich stets so einsam
in meine Brust versenkt
Wenn tiefe Geistgestalten
die Phantasie erdenkt

Sie scheint selbst zu erahnen,
Daß ihr arm flackernd Licht
Vor meiner Gluth versinket,
Die aus dem Busen bricht (…)

EMPFINDUNGEN

Nimmer kann ich ruhig treiben
was die Seele stark erfaßt.
Nimmer still behaglich bleiben,
und ich stürme ohne Rast
And´re mögen sich nur freuen
wenn´s so recht zufrieden geht,
Mögen Glückwunsch sich erneuern,
Beten nur ihr Dankgebet.

Mich umwogt ein ewig Drängen
Ew´ges Brausen, ew´ge Gluth,
kann sich nicht ins Leben zwängen
Will nicht ziehn (…)

Während Mohr die drei lyrischen Bände abschloss, vollendete er seine Theaterstücke nicht. In seiner Tragödie „*Oulanem*" sorgt eine Mephisto-ähnliche Figur [Sie weiß alles über die Protagonisten des Stücks] dafür, dass sich ein Pärchen verbindet. Am Ende stellt sich heraus, dass sie Bruder und Schwester sind. Beim Entwurf von „*Oulanem*" lehnte Marx sich an damals gern gesehene Schauertragödien an.

Die Komödie „*Scorpion und Felix*" überfrachtete Marx inhaltlich. Der Humor fand wenig Raum neben dem zu viel an Gelehrsamkeit.

Die Probe aufs Exempel für Mohrs literarisches Können kam. Mohr übergab **Adalbert von Chamisso** eine Reihe von Gedichten mit der Bitte, sie im *„Deutschen Musen-almanach"* zu veröffentlichen. Chamisso lehnte das auf einem formlos geschriebenen Zettel ab. [Den verschluckte Marx in seiner Wut.]

Die zerstörten Hoffnungen ließen Marx erkranken. Er kurte 1837 in Stralau, das damals noch außerhalb Berlins lag. Dort las er sich intensiv in das Werk des Philosophen **Hegel** ein. Für Marx wurden jene Stellen wichtig, in denen Hegel betonte, Philosophie könne die Wahrheit direkt, in klarer Sprache formulieren.

Demgegenüber spielten Künste [wie die Literatur] doch nur in Symbolen auf die Wahrheit an. Von der Kur nach Berlin zurückgekehrt, vernichtete Marx seine Gedichte und „Anlagen zu Novellen."

Seine nächste Überlegung war Literaturkritiker zu werden, doch sein Vater erinnerte ihn an **Ephraim Lessing**. Der sei trotz brillanter Kritiken letztlich arm gestorben.

* Beide waren politisch progressiv

General und Mohr nahmen bereits als Jugendliche Konflikt-felder der bürgerlichen Schicht wahr [in die sie hineinge-boren waren]. Das aufstrebende Bürgertum beanspruchte politische Mitsprache erstens aufgrund seiner finanziellen Kraft und Bereitschaft zu technologischen Neuerungen. Doch die Regierenden beharrten auf ihren Privilegien { Die hatte 1. Gott ihnen gegeben. 2. Und das bereits vor Generationen. }

Zweitens stellte das Bürgertum unter Rückgriff auf das Christentum hohe moralische Ansprüche, die hinter den Kulissen nicht beachtet wurden.

Der junge Engels und der junge Marx reagierten darauf und kritisierten konservative Standpunkte. Doch sozialistisches Denken stand anfangs nicht in ihrem Focus.

General

Wie seine Eltern war der junge Friedrich Engels Christ. [Sein Großvater mütterlicherseits war Pfarrer.] Seine Ablösung vom christlichen Glauben erfolgte nicht abrupt, wie seine Briefe an die **Brüder Graeber** [ehemalige Klassenkameraden] belegen:

„Wenn man 18 Jahre alt wird, Strauß, die Rationalisten, und die Kirchen-Zeitung kennenlernt, so muss man entweder alles ohne Gedanken lesen oder anfangen, an seinem Wuppertaler Glauben zu zweifeln."

„Ich bete täglich, ja fast den ganzen Tag um Wahrheit, habe es getan, sobald ich anfing zu zweifeln, und komme doch nicht zu eurem Glauben zurück. (…) Du liegst freilich behaglich in deinem Glauben wie im warmen Bett und kennst den Kampf nicht, den wir durchzumachen haben, wenn wir Menschen entscheiden sollen, ob Gott Gott ist oder nicht. (…)"

Engels befasste sich zwar noch mit der Theologie **Schleiermachers**, doch nach der Lektüre von **Feuerbachs „Das Wesen des Christentums"** wurde er Atheist.

Politisch dachte General so wie das *Junge Deutschland*. Dessen Wortführer [Z.B. **Karl Gutzkow, Heinrich Laube** und **Heinrich Heine**] vertraten keine einheitliche politische Linie, aber Forderungen, die General einleuchteten. So schrieb er: *„die Teilhabe des Volkes an der Staatsverwaltung, also das Konstitutionelle, ferner die Judenemanzipation, Abschaffung allen Religionszwanges, aller Adelsaristokratie etc. Wer kann was dagegen haben?"*

„Einigkeit und Recht und Freiheit..." Das waren radikale Forderungen.
---*Ein Deutschland* anstelle von Kleinstaaterei;
---*Verfassungen*, die Herrscher*innen Grenzen setzten und Parlamenten Rechte gaben;
---Freiheit des *Handels* und des *Denkens ...*

Sein auf den ersten Blick unpolitisches Lebensprogramm formulierte Friedrich Engels so:
„Wer sich scheut vor dem dichten Walde, in dem der Palast der Idee steht, wer sich nicht durchhaut mit dem Schwerte und küssend die schlafende Königstochter weckt, der ist ihrer und ihres Reiches nicht wert,
der mag hingehen, Landpastor, Kaufmann, Assessor oder was er sonst will, werden, ein Weib nehmen, Kinder zeugen in aller Gottseligkeit und Ehrbarkeit,
aber das Jahrhundert erkennt ihn nicht als seinen Sohn an."

Als junger Mann wollte der1820 geborene Friedrich Engels am Fortschritt des 19. Jahrhunderts teilhaben und in den Palast der Idee[n] eindringen.

Als Friedrich Oswald äußerte er in den *„Briefen aus dem Wuppertal"* ironische Distanz zum bürgerlichen Barmen und Elberfeld [1838/39 in Bremen],
als Offiziers-Anwärter [in Berlin, 1840/41] nahm er Kontakt zu den Junghegelianern auf,
und 1842-44 arbeitete er, von **Moses Hess**´ Ideen beeinflusst, in Manchester. Moses Hess [1812 – 1875] machte

als erster Schriftsteller den Sozialismus zum Thema in Deutschland. In Köln leitete Hess einen Studienkreis zur sozialen Frage bei der *„Rheinischen Zeitung".* An diesem nahm auch ein Redakteur namens Karl Marx teil.

Der 23-jährige Friedrich Engels sandte den **„Deutsch-Französischen Jahrbüchern"** seine *"Umrisse zu einer Kritik der Nationalökonomie"* zu. Darin machte General auf die sozialen Folgen der geltenden Wirtschaftslehren aufmerksam. Zu den wichtigen Thesen seiner *"Umrisse..."* gehören:

- Engels widersprach Theoretikern wie **Malthus**, die behaupteten, es könne keine Überproduktion geben.
- Er prophezeite, die Widersprüche in der Nationalökonomie würden England nach dem Triumph des Freihandels in die endgültige soziale Krise treiben.
- Das Geld, die Abstraktion des Eigentums, sei Herr der Welt, der Mensch Sklave der Sache geworden.
- Der Individualismus lasse alle sozialen Bande absterben, denn mit Industrialisierung und Fabriksystem löse sich die Familie auf.

Engels verband diese Analyse politischer Ökonomie mit **Proudhons** Angriff auf das Privateigentum. Nach dem Wegfall der Beschränkungen des Merkantilismus seien mit dem Freihandel die Folgen des Privateigentums zutage getreten. Freihandel bedeute Ausbeutung auf dem ganzen Erdball und die Auflösung der Familien durch das Fabriksystem. Die Herrschaft des Eigentums habe in England das Proletariat entstehen lassen.

Engels formulierte danach ein positives Zukunftsbild: Der liberalen Selbstisolierung folge die Stufe der "Selbstvereinigung" der Menschheit. Engels glaubte fest an den unaufhaltsamen Fortschritt der menschlichen Gattung in der Geschichte, an ihren Sieg über die Unvernunft des einzelnen.

Anmerkungen: Über Gleiche, Kommunisten, Sozialisten und Proletarier

Sozialismus
steht dem privaten Besitz von Produktionsmitteln kritisch gegenüber [manchmal auch schroff ablehnend] und möchte eine durch Solidarität bestimmte Gesellschaft, in der die Prinzipien von Gleichheit und Gerechtigkeit gelten.

Unter *Kommunismus*
verstehen wir heute [!] den von Engels und Marx entwickelten *wissenschaftlichen Sozialismus*. Um 1840 gab es unterschiedliche Vorstellungen von „Kommunismus".

Die ersten sozialistischen Gedanken griffen auf die Aufklärung zurück und verfolgten die Idee einer Verbesserung der Welt. Dabei entstand der
utopische Sozialismus,
zu dessen Hauptdenkern **Bafeuf, Cabet** und **Weitling** gehörten.

Praktische Umsetzung sozialistischer Ideen war Sache von **Owen, Fourier, Proudhon** und anderen. Sie dachten an einen
Genossenschafts-Sozialismus.
Arbeiterassoziationen sollten Ausbeutung verhindern, jeder nach Fähigkeit und Leistung bezahlt werden.

Ferdinand Lassalle und **J.K. Rodbertus** erklärten, Staaten solle die Lösung sozialer Probleme bewirken. Sie verfolgten die Theorie des
Staats-Sozialismus.

{ Engels und Marx entwickelten den
wissenschaftlichen Sozialismus.

Die kapitalistische Gesellschaftsordnung werde zusammenbrechen und durch das Proletariat in eine sozialistische [letztlich *klassenlose*] Gesellschaft umgewandelt.

Eine besondere Auffassung entwickelten die *Anarchisten*. Sie wollen [im Gegensatz zu den Sozialisten] eine Gesellschaft völlig ohne staatliche Strukturen. – In der ersten Internationale [1864-1876] arbeiteten sozialistische und anarchistische Gruppierungen noch zusammen. }

Marx distanzierte sich noch 1842 in der *Rheinischen Zeitung* von *den kommunistischen* Ideen. { Er bezog sich nicht auf *die eine* kommunistische Idee, denn *die* gab es nicht. } Mohr schrieb: *„Die „Rheinische Zeitung", die den kommunistischen Ideen in ihrer jetzigen Gestalt nicht einmal theoretische Wirklichkeit zugestehen,*
also noch weniger ihre praktische Verwirklichung wünschen oder auch nur für möglich halten kann,
wird diese Ideen einer gründlichen Kritik unterwerfen. (...)"

Im 19. Jahrhundert stritt das linke Lager erbittert darum, welcher denn nun der wahre Kommunismus sei. { Der Streit ist übrigens bis heute nicht entschieden. Engels und Marx starben mindestens 50 Jahre zu früh... }

Sozialismus und Kommunismus waren [und sind] Etiketten mit wechselndem Inhalt. Das nutzten auch Engels und Marx, die sich mal Kommunisten nannten, mal Sozialisten.

Zum Wechsel und Gebrauch von Namen:

1. Oft werden mit radikalen Bewegungen auch ihre Namen

verboten. Entsprechend durften sich um 1830 in Frankreich „Die Gleichen" nicht *„Die Gleichen"* nennen. Deshalb verschleierte der Franzose **Étienne Cabet** mit dem Begriff "Kommunismus" [= Gemeinsamkeit - Cabet benutzte ihn als erster] sein Ziel einer
"egalitären Republik."

Denn egalitäre Ideen waren in Frankreich verboten. Die gingen auf **Francios Noel Babeuf** [genannt: *Gracchus Babeuf*] zurück, der 1796 im Namen der Gleichheit [egalité] einen Aufstand gegen die französische Regierung anstiftete.
Babeufs Ziele: Ein zu bildender Ausschuss sollte die Reichen enteignen und Grundbesitz einkassieren, um Gütergemeinschaft zu ermöglichen. Danach ginge die Macht an das Volk zurück, und eine egalitäre und demokratische Republik entstände.

2. Aufgrund intensiver Zusammenarbeit mit Engels und Marx benannte der *Bund der Gerechten* in London sich 1847 in *Bund der Kommunisten* um.

3. In der **Ersten Internationale** [1864-1876] sammelten sich sozialistische und anarchistische Gruppierungen. Ihre offizielle Bezeichnung lautete
Internationale Arbeiter Assoziation [IAA].

{ Wobei *Arbeiterassoziation* ein für den Genossenschafts-Sozialismus bedeutsamer Begriff war.
Dem Begriff *International* hängten Nationalisten ein böses Stigma an: Wer international war, musste doch ein *„vaterlandsloser Geselle"* sein. }

Proletariat und Pauperismus

Hunger. Elend. Verwahrlosung. Krankheit. Früher Tod.

Beim in der ersten Hälfte des 19. Jahrhunderts oft diskutierten Problem des *"Pauperismus"* [lat. pauper = arm]
ging es um die wachsende Armut im unteren Rand der
Bevölkerung. Viele Tagelöhner*innen und Arbeiter*innen
lebten zu Beginn der Industrialisierung in den erbärm-
lichsten Verhältnissen. Politische Mitsprache zur Änderung
ihrer Lage blieb ihnen versagt. Nur betuchte Bürger hatten
Wahlrecht.

Den Begriff *Proletarier* prägte **Lorenz von Stein**, der
selbst den Staats-Sozialismus präferierte. Er griff auf das
antike Rom zurück. *Proletarius* war dort ein Bürger der
untersten Klasse, ein *proles* war sein Kind. Lorenz von
Stein *[**"Der Sozialismus und Communismus des
heutigen Frankreichs"**, 1842]* bezeichnete als *Proletariat* die Schicht, die nicht als ihre Arbeitskraft besitzt,
ihre Lage aber erkannt hat und eine Besserstellung verlangt.

[Marx verstand später das *Proletariat* als Gegenspieler
der Kapitalisten im historischen Entwicklungsprozess.]

-   -   -   -   -   -   -

Mohr

Kurz vor dem Abitur schrieb der evangelisch getaufte Karl
Marx in einem Aufsatz zum Thema „Wahl des Berufes":

„(…) denn die Gottheit läßt den Irdischen nie ganz ohne Führer; sie spricht leise aber sicher."

Von diesem Glauben entfernte er sich vollständig. Religion weise auf das „Dasein eines Mangels" hin. Marx´ Kritik beschränkte sich nicht auf die Behauptung, dass es keinen Gott gibt.
Sie war viel fundamentaler: Religion hindere den Menschen, zu sich selbst zu finden [Er könne kein *wirkliches Gattungswesen* werden.] Denn Religionen bevorzugten Individuen, die von ihrer Gemeinschaft getrennt existieren [= Menschen in ihren unkultivierten und unsozialen Erscheinungsformen.]

Diese sozial begründete Religionskritik [Aus dem Jahr 1843, **„Zur Judenfrage"**] markiert einen Entwicklungsschritt Mohrs zu radikalem sozialistischen Denken.

Am Anfang seines Studiums in Bonn spielten derartige Bezüge noch keine Rolle für ihn. Seine literarischen Texte reagieren noch gar nicht auf die sozialen Probleme und Umbrüche seiner Epoche. { Im Vergleich dazu hatte der 1837 verstorbene **Georg Büchner** das erste deutsche soziale Drama *„Woyzeck"* verfasst. **Friedrich Hebbel** schrieb 1844 *„Maria Magdalene".* }

In Berlin wurde Marx Zeuge akademischer Auseinandersetzungen. Als Jurastudent besuchte er sowohl Vorlesungen des konservativen Carl von Savigny { = Rechte sind historisch gewachsen. Sie können nicht rationalistisch hinterfragt werden. }, als auch des progressiven Eduard Gans. { = Selbst das Recht Jahrhunderte alten Grundbesitzes darf nicht auf objektivem Unrecht beruhen. Es habe immer auch eine rationale Entwicklung des (Erb-)Rechts gegeben. }

Über diese konträren Standpunkte wurde außerhalb der Universität in Kaffeehäusern und Gaststätten diskutiert. Sie waren Orte freier und offener Diskussion. Marx gewann dort Kontakte zu Junghegelianern [Zum *Doctorklub* gehörten **Bruno Bauer, Adolf Rutenberg** und **Eduard Gans**], denen er sich anschloss. Ihnen ging es um die Fortführung der Errungenschaften der preußischen Reformära.

Mohr versuchte, wie Hegel es formuliert hatte, *„im Wirklichen selbst die Idee zu suchen."* Die Wirklichkeit Preußens missfiel ihm. Für ihn entfernten sich Denken und Sein in diesem "christlichen Staat" immer mehr voneinander. Positives Gegenbild war für Marx die griechische Polis, in der Bürger und Staat seiner Meinung nach eins waren. Das zeigte sich in ihrer Kunst, die Schönheit und Menschlichkeit in den Mittelpunkt stellte. { Demgegenüber favorisiere die christliche Kunst den Sklaven. }

Auch als Journalist und Redakteur bei der Rheinischen Zeitung forderte er nicht Meinungsfreiheit, Verfassung oder eine Republik. Marx wollte den rationalen Staat. Darum ging es ihm auch in seiner Doktorarbeit. Sie war eine Rechtfertigung des in Preußen nicht geschätzten Philosophen Epikur [der wurde des Materialismus verdächtigt] und des Rationalismus [der gut zu Preußen passte. - So suggerierte Mohr, aber vergeblich].

Marx hatte gehofft, Dozent an der Uni werden zu können. Als sich das zerschlug, wurde er Journalist und sogar Chefredakteur. { Sehr erfolgreich: Die Auflage der *Rheini-*

schen Zeitung stieg um mehr als das Dreifache (Okt. 1842: 900 Exemplare - März 1843: 3100 Exemplare) }

Er schrieb auch über die Armut der Winzer an der Mosel. Doch dabei waren die sozialen Probleme nicht sein Thema. Er konzentrierte sich auf negative Auswirkungen der preußischen Pressezensur. Mohr erläuterte einen fatalen Mechanismus. Die preußische Regierung war über das schreckliche Ausmaß der Not nicht informiert. Das habe die Pressezensur verhindert, die Nachrichten über tatsächliche Notlagen nicht zuließ.

Noch 1842 distanzierte sich Marx vom Kommunismus. Dann brachte **Moses Hess** [der erste sozialistische Schriftsteller in Deutschland] Mohr dazu, sich mehr mit sozialen Fragen zu befassen. Hess leitete bei der *Rheinischen Zeitung* einen Arbeitskreis zum Problem des Pauperismus.

Als die Zeitung geschlossen wurde, erklärte Mohr, Preußen habe ihn in die Freiheit entlassen und er wolle Deutschland verlassen. [Im Juni 1843 heiratete er **Jenny von Westphalen**.]

Mit **Herwigh** und **Ruge** projektierte Marx mögliche zukünftige Projekte. Schließlich ging er mit Ruge nach Paris, um dort die *„Deutsch-Französischen Jahrbücher"* zu redigieren.

Mohr hatte in seinen Überlegungen noch längst kein Ende gefunden. Er griff er auch auf ökonomische Gedanken des 23-jährigen Friedrich Engels zurück, die der für die *„Deutsch-Französischen Jahrbücher"* verfasst hatte.

Ein Unterschied nutzte der zukünftigen Symbiose von Engels und Marx: Während General mit dem praktischen

Zusammenspiel von Handwerk, Industrie und Handel vertraut war, durchdachte Mohr akribisch jede Theorie. Sich auf diese Weise ergänzend entwickelten sie den wissenschaftlichen Sozialismus.

Unterschiede gab es auch

~   Ihr privates Familienleben

General

war während seines 74-jährigen Lebens nur eine halbe Nacht lang verheiratet.
Als Jugendlicher und junger Mann nahm er Anstoß an der verlogenen Moral des gehobenen Bürgertums [Es gab Unternehmer, die in ihrer Frömmigkeit sonntags zweimal die Kirche aufsuchten. Doch an weiter entfernten Orten besaßen sie Wohnungen, in denen moralische Regeln ihrer Religion keine Rolle mehr spielten.]

Engels rebellierte gegen diese Doppelmoral. Grundsätzlich lehnte er die bürgerliche Ehe ab. Aus seinen Bordellbesuchen machte er kein Geheimnis. Im Gegenteil: Gemeinsam mit Prostituierten erschien er zu Parteitreffen. Zwei irische Schwestern wurden seine Lebensgefährtinnen
[**Mary Burns** 1842/3 – 1850-1863 / **Lydia Burns** 1864 – 1878]. Beide konnten nicht lesen und schreiben, Mary kannte nicht einmal ihr Geburtsdatum. Aber sie ermöglichte General Einblicke in das Leben der englischen Arbeiter.

Die verwandte er für sein Buch über *„Die Lage der arbeitenden Klasse in England."* Mary Burns führte General in völlig verrufene Stadtteile von Manchester. Ohne ihre Begleitung hätte Engels sie nie betreten können.

Mary und Lydia Burns starben an Krebs. Beide Todesfälle waren mit sehr emotionalen Vorfällen verknüpft.
Marys Burns´ Tod 1863 führte zum heftigsten bekannten Streit zwischen General und Mohr. Dieser reagierte auf Engels´ Mitteilung vom Tod seiner Lebensgefährtin mit beiläufigen Bemerkungen: Er habe zurzeit Probleme mit Schulgebühren und kämpfe mit Mietforderungen. *„Es ist scheußlich egoistisch von mir, dass ich dir in diesem Augenblick diese horreurs erzähle. Aber das Mittel ist homöopathisch. Ein Unheil zerstreut über das andre…"*

Engels brauchte fünf Tage, um auf diesen egozentrischen Kommentar zu antworten: *„Du wirst es in der Ordnung finden, das diesmal mein eigenes Pech und Deine frostige Auffassung desselben es mir positiv unmöglich machten, Dir früher zu antworten… Du fandest den Moment passend, die Überlegenheit Deiner kühlen Denkungsart geltend zu machen."*
Engels erläuterte, dass einige seiner bornierten Geschäftspartner [vor denen er Mary jahrelang geheim gehalten hatte (!)], im Gegensatz zu Mohr über ihren Tod betroffen waren und ihm ihr Beileid ausgesprochen hätten.

Karl Marx reagierte ungewöhnlich: Er entschuldigte sich. *„Es war von mir sehr unrecht, dass ich Dir den Brief schrieb, und ich bereute ihn, sobald er abgeschickt war…"*

In seinem Antwortbrief schrieb Friedrich Engels, er sei froh, außer Mary nicht noch seinen ältesten und besten Freund verloren zu haben.

Die letzten beiden Lebenstage von Lydia Burns [11./12. September 1878] könnten als Vorlage für einen Drei-Groschen-Roman herhalten. Als die irische Katholikin Lydia Burns den Tod nahen spürte, litt sie unter panischer Angst. 15 Jahre lang hatte sie unverheiratet mit einem Mann zusammengelebt. So konnte sie nicht vor Gott treten.

General war zwar eingefleischter Atheist, aber aufgrund seiner christlichen Jugend wusste er, was Gewissensbisse waren. Damit Lydia in Frieden sterben konnte, eilte Engels zu einem Pfarrer. Wäre es wegen der besonderen Umstände möglich, Lydia und ihn zu trauen? Der Geistliche beschaffte sich eine Sondergenehmigung und traute beide noch am gleichen Abend. Lydia Engels, geb. Burns, starb wenige Stunden später [12.9.1878,   1.30 Uhr].

Auch wenn er die bürgerliche Ehe ablehnte, war Engels kein Einsiedler. Fast immer lebte er mit einer Frau zusammen. Außerdem fühlte er sich Mohrs Familie ganz eng verbunden. Er besuchte sie oft, fuhr mit ihnen in die Sommerfrische und vermachte den drei Marx-Töchtern die Hälfte seines großen Vermögens.

Mohr

blieb sein Leben lang Jenny von Westphalen treu. 1836 verlobte er sich [als 18-Jähriger] mit ihr und heiratete sie 1843 nach siebenjähriger Verlobungszeit. Bis zu Jennys Krebstod 1882 trennten sie sich nicht.

Ihre Ehe unterschied sich in vielen Punkten nicht von ganz normalen bürgerlichen Ehen.
Es gab Leidenschaft und Liebe, wie Briefe beweisen:

"Ach Herzchen wie Du mich (...) so ansahst, und dann rasch wegkucktest, an dann wieder hin, und ich gerade so bis man sich zuletzt ganz lang und ganz tief ansah und nicht mehr wegsehen konnte."

Jenny an Karl, 1835

"Mein Herzensliebchen,

(...) Ich habe Dich leibhaftig vor mir, und ich trage dich auf den Händen, und ich küsse dich von Kopf bis Fuß, und ich falle vor dir auf die Knie, und ich stöhne: "Madame, ich liebe Sie." (...) Ade, mein süßes Herz. Ich küsse dich viel tausendmal und die Kinder.
Dein Karl"

Karl an Jenny Marx, 21. Juni 1856

Jenny Marx *"lebte in den Ideen ihres Mannes, sie ging dabei ganz und gar in der Sorge für die Ihrigen auf und war doch so himmelweit von der strumpfstrickenden, den Kochlöffel rührenden deutschen Hausfrau entfernt."*

(Friedrich Leßner)

Es mangelte oft an Geld. Einige Einblicke in das Leben der Familie Marx verdeutlichen das. Eleanor Marx schilderte eine sehr oft erzählte Familienanekdote so: *"In den ersten Jahren seines Aufenthalts hier in London sah er [= Marx] sich einmal genötigt (...) zu dem Pfandleiher zu gehen. Er brachte etwas von dem sehr schönen und wertvollen Silberzeug meiner Mutter. Es waren namentlich schwere silberne Löffel (...) und alle mit der Krone der* **Argylles** *und deren Familienmotto: ´Wahrheit ist mein Wahlspruch´ (...).*

Der Pfandleiher war so verblüfft, solch seltenes und wert-
volles Silberzeug in dem Besitz eines so wild aussehenden
foreigners mit struppigem schwarzem Bart zu sehen, daß
er Mohr verhaften lassen wollte, der nur mit vieler Mühe
und knapper Not der Verhaftung entging. Seine Adresse
wurde genau aufgeschrieben und zweifellos zog die Poli-
zei auch die nötigen Erkundigungen ein (...)"

"Selten hat jemand in seiner bescheidenen Einrichtung so
freudig empfangen wie die Frau von Marx und selten ist
es jemandem gelungen, bei aller Einfachheit Gesten,
Benehmen und äußere Erscheinung einer - wie die Fran-
zosen sagen - 'grande dame' zu bewahren",
erinnerte sich Maksim Kovalevskij 1909.

„(...) Wem aber die Gabe versagt ist, mit Geld umzu-
gehen, der scheint es schwer zu lernen, selbst nicht in
solch harter Schule. Die Marxschen Damen wollten nun
seinen [= Liebknechts] Kindern eine Weihnachtsfreude
bereiten und schickten ihnen sehr große Puppen, denen
sie viele schöne Kleider aus vorzüglichen Stoffen ange-
fertigt hatten. Die Kinder freuten sich sehr, aber Frau
Liebknecht hätte diese Stoffe lieber für die Kinder selbst
verwendet, denen es am nötigsten fehlte",
merkte Franziska Kugelmann an.

"(...) In der ganzen Wohnung ist nicht ein reines und gu-
tes Stück Möbel zu finden, alles ist zerbrochen, zerfetzt
und zerlumpt, überall klebt fingerdicker Staub, überall die
größte Unordnung.
(...) Wenn man bei Marx eintritt, werden die Augen von
dem Steinkohlen- und Tabaksqualm derart umflort, daß

man im ersten Augenblick wie in einer Höhle herum-
tappt, bis (...) man wie im Nebel einige Gegenstände aus-
nimmt.
Alles ist schmutzig, alles voll Staub (...) ...dann Spielsachen
der Kinder, das Fetzenwerk des Nähzeugs seiner Frau,
dann einige Teetassen mit abgebrochenen Rändern,
schmutzige Messer, Löffel, Gabeln, Leuchter, Tintenfaß,
Trinkgläser, holländische Tonpfeifen, Tabakasche, mit
einem Wort alles drunter- und drübergehäuft, und alles
dies auf einem einzigen Tisch",

berichtete ein preußischer Spitzel.

Jenny Marx schrieb über die Kündigung eines Mietver-
hältnisses:

"Im Frühjahr 1850 wurden wir gezwungen, unser Haus in
Chelsea zu verlassen. Mein armes kleines Föxchen krän-
kelte beständig, und die vielen Sorgen um das tägliche
Leben zehrten auch sehr an meiner Gesundheit.

Von allen Seiten gedrängt und von Gläubigern verfolgt,
bezogen wir für eine Woche ein deutsches Hotel im
Leicester Square, aber unseres Bleibens war hier nicht
lange. Eines Morgens kündigte der brave Wirt uns das
Frühstück auf, und wir hatten uns nach einer anderen
Wohnung umzusehen. (...)"

1861 freute sich Jenny Marx über eine "bürgerliche" Phase
des Familienlebens. *"Mit den paar hundert Talern, die*
mein Mütterchen (...) hinterlassen hatte, richteten wir uns
ein kleines Häuschen (...) ein, das wir noch heute be-
wohnen. Es ist eine wahrhaft prinzliche Wohnung, ver-
glichen mit all unseren früheren Löchern, und obgleich die
sämtlichen Einrichtungen von Kopf bis Fuß nicht viel über

40 Pfund kamen (...), so kam ich mir im Anfang in unserem jungen [Wohnzimmer] ganz großartig vor.

Sämtliche (...) Überreste früherer Größe wurden aus ´des Onkels´ Händen befreit und ich zählte mit Lust wieder einmal die Damastservietten, die noch alten schottischen Ursprungs waren.

Obgleich die Herrlichkeit nicht lange dauerte, denn bald musste ein Stück nach dem anderen wieder ins ´Pop-Haus´ wandern (so nennen die Kinder den geheimnisvollen Drei-Kugel-Shop), und freuten wir uns doch einmal recht in unserer bürgerlichen Behäbigkeit."

"(...) Wir segelten mit vollen Segeln in das Philistertum hinein. Da war noch derselbe kleine Druck (...) dasselbe intime Verhältnis mit den rettenden drei Kugeln - aber der Humor war dahin. Den wirklichen Druck des Exils spürte ich erst in dem ersten Stadium unseres bürgerlich-honetten Philisterlebens. (...) Schon der Kinder wegen mussten die ebenen Wege des geregelten, respektablen Bürgerlebens eingeschlagen werden."

Zu einem wohlhabenden bürgerlichen Haushalt gehörte ein Dienstmädchen. Familie Marx hatte immer eines: **Helene Demuth [Lenchen]** war untrennbar mit dem Marxschen Haushalt verbunden. Seit April 1845 arbeitete sie dort und war Jenny und Karl Marx bis zu deren Lebensende treu ergeben:

"In einer Bauernfamilie geboren, war sie noch ganz jung, fast ein Kind, lange vor der Verheiratung der Frau Marx als Dienstmädchen zu ihr gekommen. Als dieselbe sich verheiratete, verließ Helene sie nicht, sie widmete sich vielmehr der Familie Marx mit einer solchen Hingabe, daß

sie sich selbst völlig vergaß. Sie begleitete Frau Marx und deren Mann (...) und teilte ihre Ausweisungen. Sie war der praktische Hausgeist, der sich in den schwierigsten Lebenslagen zurechtzufinden wußte.

Ihrem Ordnungssinn, ihrer Sparsamkeit, ihrem Geschick ist es zu verdanken, daß die Familie wenigstens das Allernötigste nie zu entbehren hatte. (...) „

schrieb Paul Lafargue über sie.

Sie hatte einen unehelichen Sohn: **Henry Frederik Demuth.** Dessen Vater war vermutlich Karl Marx. Offizieller Vater wurde Engels.

Nachdem Jenny und Karl Marx gestorben waren, arbeitete Helene Demuth für Friedrich Engels. Sie selbst starb 1890 und wurde im Marxschen Familiengrab beigesetzt.

Zum Leben der Familie gehörten auch Feste und Kultur.
"Im Prinzip sollten die Shakespeare-Lesungen alle vierzehn Tage stattfinden, und zwar jedesmal im Hause eines anderen Mitglieds. Tatsache aber war, daß sie häufiger als irgendwo sonst im Haus der Familie Marx gehalten wurden.

Karl Marx war, wie alle anderen Mitglieder seiner Familie, ein treuer Bewunderer des Dichters, und er liebte es, seinen Schauspielen zuzuhören. (...) Nie übernahm er selber eine Rolle. Diese Enthaltsamkeit kam den Aufführungen vielleicht eher zugute, denn seine Stimme war guttural und sein deutscher Akzent war ausgeprägt."

(Marian Comyn)

General

Lebte er heute, würde er sich beim Kite-Surfen auspowern oder beim Triathlon. Doch im 19. Jahrhundert blieb ihm nur ... das Reiten. { Entsprechend schenkte ihm sein Vater einmal zu Weihnachten kein sportliches Cabrio, sondern ein Reitpferd. }
In Manchester nahm Engels regelmäßig an Fuchsjagden teil. Sieben Stunden habe er im Sattel gesessen und sein Pferd sei über Hindernisse von 1,50m Höhe gesprungen, schrieb er der Familie Marx. Die litt große Ängste um ihn [und seine finanzielle Unterstützung] während der Jagdsaison.

Als er 1838/39 in Bremen lebte und lernte, schwamm er mehrfach hintereinander von einem Ufer der Weser zum anderen. 1849 beteiligte er sich an vier Schlachten des Revolutionskrieges in Baden.

Berichtet wurde auch, dass er nach Trinkgelagen mit Mohr rasch wieder fit gewesen sei. Mohrs Körper habe wesentlich mehr Zeit gebraucht, um nach übermäßigem Alkoholgenuss zu regenerieren.

Es ist kein Zufall, dass Friedrich Engels 74 Jahre alt wurde, während Karl Marx mit 63 Jahren starb.

Mohr

Die Achtung vor Marx´ Leistungen steigert sich bei allen, die sich mit seiner labilen Gesundheit und der Liste seiner Krankheiten befassen.
Mohr wurde 1818 in eine Familie mit erblich bedingter Disposition zu Tuberkulose- und Atemwegserkrankungen ge-

boren. Vom Wehrdienst musterten ihn Ärzte wegen Atemnot aus. Von Marx´ acht Geschwistern starben zwei als Kinder und drei als Twens. Dass Mohr überhaupt das Erwachsenenalter erreichte, wird auf seine große Willenskraft zurückgeführt.

Auch von den sieben Kindern, die seine Frau Jenny gebar, starben vier früh:

Geburtsjahr - Todesjahr

	Geburtsjahr	Todesjahr	
Jenny	1844 –	1883	
Laura	1845 -		1911
Edgar "Musch"	1847 – 1855		
Guido "Föxchen"	1849 – 1850		
Franziska	1851 – 1852		
Eleanor "Tussy"	1855 -	1898	
kein Name	6.7.1857 gestorben am Tag der Geburt		

Der erwachsene Karl Marx strapazierte seinen Körper durch völlig unregelmäßige Tagesabläufe. *"Seine Frau machte ihm die ernstesten Vorstellungen - er meinte jedoch lachend, seiner Natur entspreche das. (...) ein Leberleiden entwickelte sich, bösartige Geschwüre traten auf. (...)",* erinnerte sich Karl Liebknecht 1896.

Ab 1849 litt Marx unter Leber- und Gallenbeschwerden [mit 31 Jahren]. Besonders während der Frühjahre machte ihm das Leberleiden zu schaffen. Die Krankheit entwickelte sich ab 1858 chronisch. Folgen und Symptome waren Kopfschmerzen, entzündete Augen, Nervenschmerzen, rheumatische Beschwerden und Hämorrhoiden. Hinzu kamen später noch Furunkel und sogar Karbunkel.

1860 stellten Ärzte bei Karl Marx eine Leberverlängerung fest. Marx´ Vater hatte das gleiche Leiden.

Trotz der vielfältigen Krankheiten änderte Marx seinen Arbeits- und Lebensstil nicht. Liebknecht schrieb: *"Er arbeitete kolossal; und da er am Tage - namentlich in der ersten Flüchtlingsperiode - oft verhindert war, so nahm er zur Nacht seine Zuflucht."*

Marx linderte seine Leiden durch Kuren. Besonders hilfreich waren Aufenthalte in Karlsbad, wo Marx sich 1874, -75 und -76 aufhielt.

~ Ihr Umgang mit Geld

General

Für viele Sozialisten war [und ist] Friedrich Engels eine problematische Figur. War er nicht ein „Champagnersozialist", der sich in seinen Schriften für das Proletariat einsetzte, selber aber er in einem angemieteten Haus [!] lebte und Bedienstete für sich arbeiten ließ? Zudem war er [1860 bis 1869] Miteigentümer einer Fabrik. In dieser Zeit entließ er [skrupellos] Arbeiter und Angestellte.

Egal, was Friedrich Engels sagte und machte... Dem konnte man doch nichts glauben. [Abgeschwächt ließen sich derartige Argumente auch gegen Karl Marx wenden.]

Friedrich Engels stammte tatsächlich aus einer vermögenden Unternehmerfamilie. Nicht nur sein Vater verstand es, Vermögen geschickt zu investieren, z.B. gemeinsam mit den niederländischen **Brüdern Ermen** in Manchester. Dort „schacherte" Friedrich Engels von 1850 bis 1869, ganz gegen sein Selbstverständnis als Sozialist.

So wie er sich in Bremen beim Schreiben der *Briefe aus*

dem Wuppertal hinter dem Pseudonym Friedrich Oswald verbarg, führte er auch in Manchester ein Doppelleben. Als Unternehmer war General Mitglied elitärer Clubs und Vereine, z.B. der **Jagdgesellschaft Cheshire Hounds**. Allein die Kosten für die Mitgliedschaft, die Pferde und deren Unterbringung sorgten für die gewünschte Exklusivität. An den alljährlichen Fuchsjagden nahmen ab und an sogar Angehörige des englischen Hochadels teil.

Engels gehörte zur Börse von Manchester und zum exquisiten Albert Club. [Der bot in einem repräsentativen Gebäude Kartenspielzimmer, Billardtische und private Essräume.] Einladungen zu repräsentativen Gelegenheiten [Kunstausstellungen, Wohltätigkeitsveranstaltungen …] folgte Engels ebenfalls. Als die deutsche Kolonie zu Schillers hundertstem Geburtstag eine Schillergesellschaft gründete, beteiligte er sich und wurde ins Direktorium gewählt.

Dagegen versuchte er, seine uneheliche Beziehung zu Mary Burns geheim zu halten. Eine solche Verletzung der Konventionen kam in Manchester nicht gut an. Ein Schwager [!] machte General heftige Vorwürfe: Sein Verhalten schade dem Ansehen der gesamten Familie. Engels sah sich gezwungen, eine zweite offizielle Wohnung anzumieten.

Anfangs war sein Vater an **Ermen und Engels** beteiligt. Nach dessen Tod wurde General ab 1860 Teilhaber. 1869 ließ er sich seine Anteile an der Firma auszahlen.
Er erhielt eine Summe von etwa 1,2 Mill. engl. Pfund. Von diesem Geld [zusätzlich dem, was er noch angelegt oder angespart hatte] lebte er die nächsten 26 Jahre [bis 1895].

General verfügte gleich über zwei goldene Hände [exakter: über Wissen und Disziplin im Umgang mit materiellem Vermögen].

In Manchester musste er [bei anfangs schmalem Gehalt]

Ausgaben jonglieren für: zwei Wohnungen, Mary Burns, Mohr und dessen Familie, sich selbst, Beiträge für Creshire Hounds [sowie die Unterbringung und Pflege eines Pferdes], den Albert Club, Fahrten, Literatur, Ankauf von Aktien... Das bereitete ihm keine Schwierigkeiten.

Als General 1895 starb, hinterließ er ein Vermögen von über zwei Mill. engl. Pfund. Wie steigerte er sein Vermögen? Wo er doch noch erhebliche Ausgaben stemmen musste für drei Mitarbeiter zur Bearbeitung des Bandes III des *„Kapital"* [von 1885 bis 1894], Familie Marx, Lizzy und Ann Burns [sowie Anns Mann], Organisation und Unterstützung der Sozialdemokratie sowie der Zweiten Internationale, Literatur, Porti, Reisen, Sonntags-Gäste...

Engels legte sein Geld in Aktien an: *„Ich habe auch Papierches, kaufe und verkaufe zuweilen."* General gehörte zum Kreis der Sozialisten, die sehr wohl mit Geld umgehen konnten. Zu der mit seinem Reichtum verbunden Ausbeutung nahm er so Stellung: *„Man kann (...) ganz gut selbst Börsianer und zur gleichen Zeit Sozialist sein und deshalb die Klasse der Börsianer hassen und verachten. (...) Wird es mir je einfallen, mich zu entschuldigen dafür, dass ich auch einmal Associe´ in einer Fabrik gewesen bin? Der sollte schön ankommen, der mir das vorwerfen wollte."*

Mohr

Im Gegensatz zu Friedrich Engels konnte Karl Marx nicht mit Geld umgehen. Er bemühte sich auch nie um einen sparsamen oder vorausschauenden Umgang mit Geld.

1850 wurde Mohrs Haushalt gepfändet. Jenny Marx berichtete darüber. *„Den Tag darauf mußten wir aus dem Hause (...), mein Mann sucht uns eine Wohnung, niemand will uns nehmen, wenn er von 4 Kindern spricht. Endlich hilft uns ein Freund, wir bezahlen und ich verkaufe rasch alle meine Betten, um die vom Skandal der Pfändung ängstlich gemachten Apotheker, Bäcker, Fleischer, Milchmann zu bezahlen, die plötzlich mit ihren Rechnungen auf mich losgestürmt kommen.*

Die verkauften Betten werden vor die Tür gebracht, auf eine Karre geladen – was geschieht? – Es war spät nach Sonnenuntergang geworden, das englische Gesetz verbietet das, der Wirt dringt mit Konstablern vor, behauptet, es könnten auch von seinen Sachen dabei sein, wir wollten durchgehen in ein fremdes Land. In weniger als 5 Minuten stehen mehr als 2-3hundert Menschen gaffend vor unserer Tür, der ganze Mob von Chelsea.

Die Betten kommen zurück, erst am anderen Morgen nach Sonnenaufgang durften sie dem Käufer übergeben werden; als wir nun so durch den Verkauf unserer sämtlichen Habseligkeiten instand gesetzt waren, jeden Heller zu zahlen, zog ich mit meinen kleinen Lieblingen in unsere jetzigen kleinen 2 Stübchen im Deutschen Hotel, (...) wo wir für 5 ½ Pfund die Woche menschliche Aufnahme fanden.“

Bezeichnend für den Umgang von Karl und Jenny Marx mit Geld steht ihr Verhalten im Jahr 1864. Innerhalb kurzer Zeit fielen ihnen zwei Erbteile zu: Mohr bekam nach dem

Tod seiner Mutter den ihm zustehenden Anteil am Vermögen seiner Eltern ausgezahlt.

Zusätzlich vererbte ihm sein guter Freund **Wilhelm Wolff** etwa 90.000 engl. Pfund. Wie ging das Ehepaar mit dem Geld um?

Rasch mieteten sie sich ein größeres Haus, das sie mit neuen Möbeln ausstatteten. Zusätzlich stellten sie zwei Dienstmädchen ein. Im Jahr darauf mussten sie wieder Teile ihres Besitzes zum Pfandleiher bringen.

2. Das Fundament (be)gründen

[1840 – 1849]

Vom Finden des Standorts

Generals und Mohrs Zusammenwachsen ab September 1844 wurde dadurch begünstigt, dass beide, jeder für sich, den Weg zum Sozialismus gefunden hatte. Sie befeuerten und bestärkten sich gegenseitig in ihren Ansichten und erarbeiteten Stück um Stück ihre gemeinsame sozialistische Theorie. 1844 schrieben sie *"Die Heilige Familie"* und 1845 *"Die deutsche Ideologie"*. 1845 veröffentlichte Engels *"Die Lage der arbeitenden Klasse in England"*. Engels und Marx orientierten sich an der Entwicklung von Industrie und Proletariat in England. Sie organisierten sozialistische Gruppierungen, um Einfluss zu gewinnen.

Marx erklärte, er wolle eine grundlegende und bahn-brechende Kritik an der bisher geltenden bürger-lichen Nationalökonomie erarbeiten. Im Auftrag des "Bundes der Kommunisten" verfassten Engels und Marx 1847/48 *"Das kommunistische Manifest"* [Auf-lage: 600 Exemplare]. Sie beteiligten sich aktiv an der 1848/49er Revolution und mussten nach deren Scheitern in England im Asyl bitten.

General und Mohr hatten sich vor ihrem berühmten zehntägigen Treffen in Paris [28.8. bis 6.9. 1844], der Initialzündung ihrer Freundschaft und des wissenschaftlichen Sozialismus, schon einmal gesehen.

Dieses erste Treffen [am 29. Okt. 1842 in Köln] verlief kurz und kühl. Marx zeigte Engels die kalte Schulter. Er wusste von Engels´ engen Beziehungen zum **Doktorklub**. Mit dem aber lag Marx { besonders wegen der Artikel, die seine Mitglieder für die *„Rheinische Zeitung"* schrieben } im Clinch.

Im Vorfeld ihrer Bekanntschaft spielte **Moses Hess** [1800 – 1875] **eine wichtige Rolle.**
Hess selber stellte als erster deutscher Schriftsteller den Sozialismus in den Mittelpunkt seiner Werke. 1837 erklärte er in *„Heilige Geschichte der Menschheit"*, der Mensch könne mit sich selbst nicht einig werden, wenn er „Versöhnung" allein auf sein Denken beziehe. Nur in sozialistischen Gesellschaften könnten Menschen zu sich selbst finden.

1841 erhoffte Hess in *„Die europäische Triarchie"* drei Emanzipationsbewegungen: Deutschland bringe die geistige Freiheit, Frankreich die politische Freiheit und England werde die soziale Gleichheit hervorbringen.

Hess selber war zu Studienzwecken nach Paris gereist und leitete nach seiner Rückkehr nach Köln einen Arbeitskreis bei der *„Rheinischen Zeitung"*, der sich mit Problemfragen des Pauperismus befasste. An diesem Arbeitskreis nahm auch Marx teil.
{ Moses Hess war Mitbegründer der *„Rheinischen Zeitung"* und setzte sich 1842/3 für Mohr als Journalist und Chefredakteur ein. }

Friedrich Engels

hatte schon vor seiner Begegnung mit Moses Heß den christlichen Glauben abgelegt und kritisierte die doppelte Moral des Bürgertums. Deutschland brauchte politische und soziale Veränderungen. Nur: Welche Gestalt sollten sie annehmen? Moses Hess begeisterte Engels für den Kommunismus. Sie trafen sich in Köln [Nov. 1842].

Stark von Hess´ Ideen beeinflusst, verfasste Engels in Manchester die ***„Umrisse zu einer Kritik der Nationalökonomie"*** [für die *„Deutsch-Französischen Jahrbücher"*].

Engels erklärte, nach dem Wegfall der Beschränkungen des Merkantilismus seien mit dem Freihandel die Folgen des Privateigentums zutage getreten. Freihandel bedeute Ausbeutung auf dem ganzen Erdball und die Auflösung der Familien durch das Fabriksystem. { Dieser Text, so behauptete Mohrs Schwiegersohn Lafargue, wirkte auf Karl Marx: *„Engels (...) nahm einen entscheidenden Einfluß auf* *die geistige Richtung von Marx, der sich bis dahin mehr mit Philosophie, Geschichte, Rechtswissenschaft und Mathematik befasst hatte.*

Er war die veranlassende Ursache, die diesen bestimmte, sich der politischen Ökonomie zu widmen (...) Bald wurde es Marx klar, daß in den ökonomischen Entscheidungen der Schlüssel zur Geschichte der Gesellschaft und der Ideen zu suchen sei." }

Während seines fast zweijährigen Aufenthalts in Manchester [Nov. 1842 – Aug. 1844] sammelte Engels systematisch Quellen für sein später in Deutschland verfasstes Werk **„Die Lage der arbeitenden Klasse in England."** Beim Schreiben setzte er voraus, dass die Missstände, die er in Manchester beobachtet hatte, sich bald in ganz Europa [und später in aller Welt] zeigen würden.

Denn **Manchester** war Vorreiter technischer und sozialer Entwicklungen. Die Firma Ermen & Engels erstellte ihre Baumwollprodukte bewusst im industriellen Nabel der Welt. Im 19. Jahrhundert, während der viktorianischen Epoche, war England die Weltmacht, militärisch und industriell.
Manchester eignete sich aufgrund seiner Infrastruktur als Herzkammer von Industrie und Handel. Unternehmer, Erfinder und Wissenschaftler suchten und fanden in dieser Metropole Erfolge. Die wirtschaftswissenschaftliche *Manchester School* setzte sich für Freihandel ein.

Die Stadt stand auch für sozialen Wandel. Neue gesellschaftliche Gruppen bildeten sich, am Rand der Kirchen entstanden Sekten und die Gewerkschaften entwickelten modernere Formen ihrer Arbeit.

Viele Intellektuelle suchten Manchester auf, um in dieser Boomtown einen Blick in die Zukunft zu werfen und waren überwältigt von Licht und Schatten. Neuartig war Manchesters bewusste Stadtplanung, die Ghettobildung bewirkte. Wohlhabende lebten in eigenen Vierteln, mit großen Grundstücken, guter Luft und gesundheitlicher Versorgung. Eilten sie zu ihren Büros in der Innenstadt, erblicken sie nichts vom Elend der Armen.

In dieser einen Metropole Manchester existieren zwei "Nationen" unter extrem unterschiedlichen Bedingungen. Für die große Mehrheit seiner Einwohner bedeutete Manchester Lärm, Rauch, Gestank und verschmutzte Flüsse. Maschinen bestimmten, in welchem Takt diese Menschen ab 5.30 Uhr zu arbeiten hatten.
Die Wohnquartiere der Arbeiter boten menschenunwürdige Bedingungen. Ein Franzose stellte Manchester als eine große, schlecht gebaute Kaserne dar, als Zuchthaus, in dem 400.000 Menschen Zwangsarbeit leisten.
Die Höhe der Löhne war ungewiss. Absatzprobleme der Unternehmen hatten sofortige Lohnsenkungen zur Folge. In extremen Fällen erhielten die Arbeiter nur noch die Hälfte der bisher üblichen Bezahlung. Kam es deswegen zu Streiks, griff das Militär zugunsten der Unternehmer ein.

General sollte nach Abschluss seines Militärdienstes seine kaufmännischen Erfahrungen in Manchester erweitern. Damit würde er das Rüstzeug besitzen, um eine Fabrik in Engelskirchen zu leiten. So sah es der Plan des Vaters vor.

In Manchester legte Engels aber wenig Wert auf Kontakte, die seiner Stellung angemessen waren. Anfang 1843 begegnete ihm die Arbeiterin **Mary Burns**, seine erste Lebensgefährtin. In ihrer Begleitung lernte er die realen Lebensumstände der Arbeiter*innen in Manchester kennen.

Aus dieser Nahsicht auf das Elend entstand jenes wegweisende Dokument über *"Die Lage der arbeitenden Klasse in England"*. Bis dahin speiste sich der Kommunismus mehr oder weniger theoretisch aus der Beobachtung einzelner skandalöser Vorfälle, aus Nächstenliebe, Sympathie oder Solidarität. Engels Werk *„Zur Lage der arbeitenden Klasse...“* unterfütterte die sozialistischen Argumentationen mit Fakten [vorerst aus Manchester].

In Manchester lernte General die Bewegungen der **Owenisten** und **Chartisten** kennen. Viele englische Arbeiter engagierten sich in ihnen. Dennoch stand Engels beiden Bewegungen kritisch gegenüber.

-    -   -   -   -   -   -

Anmerkungen: Owenisten und Chartisten

1. Owenisten: Sozialismus durch Einsicht

Der Reformer **Robert Owen** wurde von Friedrich Engels zu den utopischen Sozialisten gezählt. Er versuchte, soziale Gerechtigkeit zu praktizieren. Wenn Menschen in angemessenen Verhältnissen leben, präge das ihren Charakter positiv, meint Owen. Ein Hindernis sei auch das Christentum, denn die Welt benötige eine moralische Revolution.

Robert Owens pragmatische Anhänger wollen die Umstrukturierung der Gesellschaft durch Bildung erreichen. Sie führe die Menschen zu Sozialismus und Kameradschaft.

Friedrich Engels besuchte ihre Zusammenkünfte, deren Ablauf an Gottesdienste erinnerte. Engels beeindruckten der Humor, mit dem dort Reden vorgetragen werden und die guten naturwissenschaftlichen Kenntnisse der Arbeiter.

Doch er hielt die Vorstellung der Owenisten für naiv, sozialistische Zustände erreichen zu wollen, ohne politisch zu agieren.

Chartisten: Sozialismus durch Wahlrecht

Die Chartisten dachten politisch, hatten aber keine exakte Vorstellung von der zukünftigen sozialistischen Gesellschaft. Sie kämpften für ein allgemeines Männerwahlrecht und sammeln dafür Millionen Unterschriften. Doch das Parlament ging nicht auf ihre Forderungen ein.

Mit dem Chartisten **George Julian Harney** verband ihn eine lebenslange Freundschaft. Die Chartisten schlossen Harney wegen seiner Radikalität und Gewaltbereitschaft aus.

-    -   -   -   -   -   -

Karl Marx

Nicht nur der Kontakt zu Moses Hess bewirkte *Mohrs Entwicklung zu einem kommunistischen Denker*. In den Jahren 1843 und 1844 geriet das Thema der religiösen Entfremdung für Marx in den Hintergrund. Er wandte seine Aufmerksamkeit den materiellen Realitäten der kapitalistischen Gesellschaft zu.

Einer der ersten Anstöße dazu war die Schließung der *„Rheinischen Zeitung"* [am 1.4. 1843]. Sie hatte [auch durch Mohr] regierungs- und kulturkritische Meinungen vertreten. Als sie nicht mehr gedruckt werden durfte, nahmen ihre bürgerlichen Leser*innen den Beschluss der Regierung ohne große Widersprüche hin. Die Idee von Veränderung der Gesellschaft durch Verbreitung neuer Meinungen war damit gescheitert. Die Umgestaltung Deutschlands musste auf anderem Weg erfolgen.

Marx´ anfängliches Ziel war eine Republik, in der bürgerliche Gesellschaft und rationaler Staat miteinander verschmolzen. Hegel habe den Fehler gemacht, die Trennung zwischen dem politischen Staat und dem privaten Bürger zu vollziehen.
Wirklich Mensch sein könnten alle nur im rationalen Staat, in dem Privates und Staatliches eins sind. { So wie es nach Marx´ Meinung in der griechischen Polis gewesen war. }

Hegel habe das sich um 1810 scheinbar reformierende Preußen als einzig möglichen Staat verstanden und damit geirrt. Die Junghegelianer [also auch Marx] bezogen ihr Konzept der Republik nicht allein auf politische Institutionen, sondern auf alle gesellschaftlich relevanten Bereiche [Gesetze, Familie...].

In einem nächsten Schritt kritisierte Marx die *Erklärung der Menschenrechte* während der Französischen Revolution. Diese Rechte seien nichts anderes als die Garantie des Privateigentums. Die bestehende bürgerliche Gesellschaft bedeutete die Voranstellung des Ichs, damit Konkurrenzkampf, ausgetragen auf dem Boden eines geltenden "tierischen Rechts", wobei Freiheit als Privileg [von Gruppen oder Einzelnen] verstanden wurde. Im modernen Staat herrsche der Krieg jeder gegen jeden.

Während der 1. Hälfte des Jahres 1844 hofften die Familien Marx und von Westphalen in Trier immer noch, Marx werde eine feste Arbeitsstelle suchen und finden. Doch der

Karl Marx und Friedrich Engels

(sitzend)   (stehend)

Marx-Engels-Forum, Berlin

Bronzeplastik, Ludwig Engelhardt, 1986

Foto: H. Paler

überlegte, ob er eine Geschichte des französischen Konvents [von 1772 bis 1795] schreiben solle.

Er wollte seine These von den begrenzten Möglichkeiten politischen Handeln innerhalb der bürgerlichen Gesellschaft historisch belegen. Denn trotz seiner Machtfülle konnte nicht einmal der revolutionäre Konvent die Armut in der französischen Republik beseitigen. Das habe sich bei den Auseinandersetzungen um die Freigabe der Brotpreise gezeigt.

Sodann veränderte Mohr das bisherige Konzept der Entfremdung. Erfolgte Entfremdung eigentlich nur im religiösen Raum? Fand sie nicht auch im Bereich der Arbeit statt? Jeder einzelne sei durch seine Arbeit mit der Gesellschaft verbunden { = durch seine Produkte, sowohl die materiellen wie die geistigen }. Diese Bindung wurde durch das kapitalistische System zerstört.

Nach der Lektüre von Generals Thesen *"Umrissen zu einer Kritik der Nationalökonomie"* studierte Marx intensiv Texte von Nationalökonomen wie **Smith, Say, W. Schulz** und **MacCulloch**. Primär suchte er dabei nach Belegen für die die Verelendung der Arbeiter: In der politischen Ökonomie sah er immer mehr eine "Bereicherungswissenschaft".

Marx wandte seine Aufmerksamkeit der Schicht der Arbeiter zu [mit denen er bis dahin nie in Kontakt gekommen war – im Gegensatz zu Engels]. So begeisterte sich Marx im Juni 1844 für den Aufstand der Weber in Schlesien.

Marx wurde 1843/4 gebeten, in Paris Vorträge vor Arbeitern zu halten. Er war angetan von der Lebhaftigkeit der Diskussionen, dem Esprit seiner Zuhörer und von ihrer viel größeren Bereitschaft zu Veränderungen. { Das Bürgertum neigte dagegen zu Kompromissen. Es hatte einiges zu verlieren. }

Gemeinsames Ausschachten

[(28. Aug. – 6. Sept. 1844) --- 1845]

Ursprünglich hatten sich der 23-jährige General und der 26-jährige Mohr auf ein Gespräch verabredet und ein paar Gläschen. Am 28.8.1844 trafen sich beide in einem Café, tranken miteinander, diskutierten, lachten, schätzten sich immer mehr und begründeten während der folgenden zehn Tage ihr [bis zum Tod währendes] Bündnis.

General erinnerte sich 1885: *„Als ich Marx im Sommer 1844 in Paris besuchte, stellte sich unsere vollständige Übereinstimmung auf allen theoretischen Gebieten heraus, und von da an datiert unsere gemeinsame Arbeit."*

In kürzester Zeit fügte sich das Denken und Handeln dieser beiden außergewöhnlichen Männer zu einem monolithischen Block. { Diese Geschlossenheit bewirkte letztlich den Erfolg des Marxismus. }

Wichtige Gemeinsamkeiten beschleunigten den Prozess:

Beide waren gebildet und intelligent,
stammten aus dem gehobenen Bürgertum,
und lebten betont „bürgerlich" [mit Dienstpersonal...].

General und Mohr wollten aber sehr wohl Veränderungen und waren bereit, sich radikal dafür einzusetzen { mit ihrer Freiheit, mit ihrem Leben... }.
Innerhalb ihrer Familien waren sie die schwarzen Schafe, hatten Außenseiterstellungen. { General war nicht mehr bereit, weiter kaufmännisch tätig zu werden. - Mohr war nicht Anwalt geworden, sondern Philosoph und Journalist. }.

In den Augen beider lag die Monarchie in den letzten Zügen, die Zukunft gehörte dem radikalen Sozialismus. Der würde in den nächsten Jahren, spätestens Jahrzehnten die Entwicklung der Menschheit verändern und bestimmen.

Ihr Humor lag auf der gleichen Wellenlänge,
beide verstanden sich auf den Umgang mit ironischen Spitzen,
und das Leben musste genossen werden [Während ihres ersten Treffens spielte Alkohol eine wichtige Rolle.].

1844 zielten Handeln und Erwarten beider in die gleiche Richtung, auch wenn viele Details noch der Klärung bedurften. Entscheidend war, dass ihre Persönlichkeiten sich bestens ergänzten { Ähnlich und doch anders spielten sich grob 100 Jahre später Simone de Beauvoir und Jean Paul Satre aufeinander ein. }.

Mohrs Schwiegersohn Lafargue beschrieb das Verhältnis von General und Mohr wie folgt: *„... alles hatten sie gemeinsam. Die Börse und das Wissen... Engels dehnte seine Freundschaft auf die ganze Familie aus, die Töchter von Marx waren seine Kinder, sie nannten ihn ihren zweiten Vater. Seine Freundschaft ging bis über das Grab hinaus."*

Eine Besonderheit war, dass Mohr von Anfang an die erste Violine spielte, General die zweite. Friedrich Engels lehnte sich nie gegen diese Rollenverteilung auf.

Im Gegenteil:
Karl Marx blieb selbst nach seinem Tod 1883 für Engels die Nummer eins. General hatte dafür gute Begründungen:

„(...) Marx war ein Genie, wir anderen höchstens Talente. Ohne ihn wäre die Theorie heute bei weitem nicht das, was sie ist. Sie trägt daher auch mit Recht seinen Namen."

„Marx stand höher, sah weiter, überblickte mehr und rascher als wir anderen alle."

„... daß wir, die wir es nicht haben, von vornherein wissen, es ist für uns unerreichbar;
so etwas beneiden zu können, dafür muss man doch arg kleinlich sein."

Engels spielte gerne die zweite Violine bei *„einer so famosen ersten Violine ... wie Marx."*

Aus etwas größerer Distanz verglichen **Wilhelm Liebknecht** und **Karl Kautzky** die beiden:

„Marx war kritischer und besonnener, dafür arbeitete er langsamer und schwerer, Engels mit großer Leichtigkeit. Engels selbst sagte mir, sein schlimmster Fehler sei seine Voreiligkeit gewesen. Durch Marx sei sie ihm abgewöhnt worden. Den habe ein Gedanke nicht losgelassen, ehe er ihn nicht nach allen Seiten hin scharf geprüft und in allen seinen Wurzeln und Verzweigungen verfolgt hatte."
[Liebknecht]

General „war stets gut angezogen, wie es der Engländer von jedem Gentleman verlangt, hielt auch strenge Ordnung in seinem Arbeitszimmer, wie es einem korrekten Kaufmann geziemt.
Marx dagegen sah aus wie ein zwar würdevoller, aber

gegen Äußerlichkeiten gleichgültiger Patriarch. Den Schnitt seiner Kleider beachtete er nicht, auf seinem Schreibtisch und manchem Stuhle seines Studierzimmers häuften sich in bunter Unordnung Bücher und Schriftstücke." [Kautzky]

Ähnlich war es um die Handschriften beider bestellt. General hatte eine gut leserliche Handschrift, Mohrs Schrift war kricklig, Tintenflecke gab es auch. [Es wird behauptet, dass nur Engels Marx´ Handschrift entziffern konnte.]

Warum ließ Engels Marx immer den Vortritt, stellte sich kein einziges Mal auf die gleiche Stufe mit ihm? Aus welchen Gründen gab er sich mit der Rolle des Managers im Hintergrund zufrieden? [So sehr, dass ihr gemeinsamer Entwurf des Kommunismus unfairerweise als *Marxismus* bezeichnet wird?]

Das Verhältnis der beiden erinnert an eine Äußerung, die Johannes dem Täufer in den Mund gelegt wird [Neues Testament, Johannes 3, 30]. Der Täufer sagt sinngemäß über Jesus und sich: „Seine Bedeutung muss größer werden, meine dagegen unwichtiger."
Für Friedrich Engels galt diese Maxime in seinem Verhältnis zu Karl Marx: Der gehörte auf den Thron.
Wie sehr er sich Marx unterwarf, zeigen drei markante Entscheidungen:

1.

1850 lebten beide als „Asylanten" in London, unter miserablen Umständen. In dieser Situation erklärte sich General gegen alle seine Überzeugungen und Absichten bereit, wieder als [ausbeuterischer] Unternehmer tätig zu werden, damit Mohr am *„Kapital"* weiterschreiben konnte.

2.

1851 kamen im Hause Marx zwei Kinder zur Welt: im März die Tochter Franziska des Ehepaares Marx [das Mädchen starb schon 1852], im Juni der Sohn Frederic des nicht verheirateten Hausmädchens Helene Demuth.
Wer war Frederics Vater? Mit großer Wahrscheinlichkeit auch Karl Marx. { Seine Frau Jenny war in Paris, als Frederic gezeugt wurde. } Um seinen Freund vor einem Skandal zu retten, erklärte Friedrich Engels, er sei der Vater des Jungen.

3.

1883 plante Engels, möglichst rasch nach Marx´ Tod die beiden Nachfolgebände des *„Kapital" zu* veröffentlichen. Er sichtete Mohrs Nachlass. Wie weit war der mit seiner Arbeit zu den Bänden 2 und 3 gekommen? Immerhin ging es um den Ertrag von 16 Jahren Arbeit [1867 – 1883]. Engels fand vor: wenige Seiten Skript, eine Kapitelübersicht und einen Berg von Notizzetteln.

Als Marx´ bester Freund setzte Engels nun Zeit [*„Das Kapital",* Band 2, erschien 1885; Band 3 1894] und Vermögen [außer ihm arbeiteten oft drei weitere Männer an den Werken] daran, *„Das Kapital"* fertigzustellen. Karl Marx wurde auch als Verfasser der Bände 2 und 3 genannt, Engels nur als Verleger.

Es gibt viele Erklärungsansätze für Engels´ uneitle Treue gegenüber Marx:

- Marx übte eine väterliche Autorität aus, die Engels bei seinem eigenen Vater zurückwies.

- Engels sah sich in der Rolle einer Ersatzmutter für Mohr.

- Ihre Beziehung glich der familiären Zuneigung zwischen Cousins.

- Beide lebten in einer Zeit, die den Teamgedanken nach nicht kannte. Einer musste das Sagen haben.

- Engels war sich darüber im Klaren, dass er aufgrund seines langjährigen Wirkens als Unternehmer für die meisten Proletarier unglaubwürdig war [weit mehr als Karl Marx].

- Geschlossenes Auftreten erhöhte die Chancen beim Kampf um Stimmen im anfangs kleinen Teich der [deutschen] sozialistischen Arbeiterschaft.

[Barmen, Brüssel 1844/5]

Gleich nach ihrer Begegnung starteten General und Mohr ein erstes gemeinsames Werk: *„Die heilige Familie"*. Danach trennten sich zwar ihre Wege [bis zum Juni 1845], aber sie korrespondierten eifrig miteinander. Und sie trieben, jeder an seinem Platz [General in Barmen, Mohr in Paris und Brüssel], ihre gemeinsame Sache weiter voran.

General

Frisch Verliebte, die durch ihre rosarote Brille blicken, entdecken in jeder Blume, jeder Wolke, jeder Geste ein Zeichen der Liebe. Als General im September 1844 nach Barmen zurückfuhr, meinte er, in jedem Ort, bei jedem Gespräch Zeichen sozialistischen Aufblühens zu erkennen. Selbst einige seiner Verwandten würden seiner Meinung nach bald zu Sozialisten werden.

In Barmen wuchs die Kluft zwischen General und seinem Vater. General erklärte, sich nicht mehr am "Schachern" beteiligen zu wollen. Sein Vater strich ihm die finanziellen Zuwendungen. Ihre Ansichten klaffen weit auseinander: Der Atheismus des Sohnes gegen das Christentum des Vaters, Kommunismus gegen Unternehmergeist.

Engels schilderte Marx in Briefen die Lage: *"Sitz´ ich auf meiner Stube und arbeite, natürlich Kommunismus, das weiß man [...]"*, so reagierte die Familie mit entsetzten Gesichtern. Heute *„trollt sich die ganze Sippschaft zum Abendmahl – der Leib des Herrn hat seine Wirkung getan, die Jammergesichter von heut morgen übertrafen alles.*
    (...) war ich gestern mit Heß in Elberfeld, wo wir bis zwei Uhr Kommunismus dozierten. Natürlich lange Gesichter über mein spätes Ausbleiben (...)“

In diesem vergifteten Klima verfasste Engels sein Werk **"Die Lage der arbeiteten Klasse in England"**, das 1845 gedruckt wurde. Während seines Arbeitens in Manchester von Nov. 1842 bis Aug. 1844 hatte er sich für die Lebensbedingungen der dortigen Arbeiter*innen interessiert. Nach Deutschland zurückgekehrt, verfasste er ein ausführliches Dokument darüber.

Durch den Aufbau seines Buches nahm General möglichen Kritikern den Wind aus den Segeln. Niemand konnte ihm vorwerfen, er stelle den Existenzkampf derer, die unbeachtet „im Dunkeln" leben müssen, völlig einseitig dar. Denn er konzentrierte sich nicht einfach auf die Widergabe eigener Beobachtungen. Immer wieder zitierte Engels amtliche englische Statistiken, Gerichtsprotokolle, Ergebnisse von Kommissionen und Berichte liberaler Zeitungen.

Auf über 200 Druckseiten listete Engels Fakten zur Lebenssituation der Arbeiter*innen auf: Die Wohnungen, deren Bauqualität, Größe und Durchlüftung; die Anzahl ihrer Bewohner [Da teilten sich oft drei Arbeiter*innen schichtweise ein Bett.]; Zahl und Zustand der Toiletten; die Versorgung mit Trinkwasser; den Zustand von Kanalisation, Straßen und Gassen; die Qualität von Lebensmitteln und Kleidung; den Alkoholmissbrauch, die medizinische Versorgung...
{ In Manchester hin und wieder auftretende Seuchen sind keine Katastrophen. Aufgrund der hygienischen Zustände in den heruntergekommenen Vierteln sind sie unvermeidbar. }

Engels leitete sein Buch mit einer leidenschaftlichen Erklärung ein:

„An die arbeitenden Klassen Großbritanniens
Arbeiter!
Euch widme ich ein Werk, in dem ich den Versuch
gemacht habe, meinen deutschen Landsleuten ein treues
Bild eurer Lebensbedingungen, eurer Leiden und Kämpfe,
eurer Hoffnungen und Perspektiven zu zeichnen. (...)"

Das Buch ist von Sachlichkeit geprägt. Es gibt keine ironische Distanz wie in den *„Briefen aus dem Wuppertal."* General hatte, als er über die Zustände in Manchester schrieb, seine Gespräche mit Mohr und Moses Hess´ Überlegungen im Hinterkopf. Alle Tatsachen listet er in der Systematik ihrer gemeinsamen politischen Philosophie auf.

Für Engels gehören alle Arbeiter in eine einzige Klasse. Er differenziert nur unscharf zwischen Berufen, Qualifikationen, Löhnen, Nationalitäten oder Religionen. Für ihn gibt es auf der einen Seite die Klasse der Ausgebeuteten, ihr gegenüber formiert sich die Klasse der Ausbeuter.

General setzte sich nicht nur am Schreibtisch für soziale Veränderungen ein. Im Februar 1845 organisierten Moses Hess und er in Elberfeld eine Reihe von Vorträgen, um für den Kommunismus zu werben.

Engels berichtete Marx in einem Brief von Diskussionen bis in die Nacht hinein. Eine Reihe von Anhängern sei gewonnen worden. Ein Augenzeugenbericht sah das Ergebnis ihres Bemühens kritischer. Die Zuhörer [über 200] hätten die Vorträge sehr skeptisch aufgenommen und ihnen auch widersprochen.

Sehr rasch griffen die preußischen Behörden ein. Der Elberfelder Oberbürgermeister verbot, dass Hotels Engels und Hess Säle zur Verfügung stellen; der preußische Innenminister untersagte kommunistische Versammlungen in Elberfeld und Barmen.

Schließlich wurde Engels gesteckt, dass geplant war, ihn zu verhaften. Um dem zu entgehen und seine Eltern nicht weiter in Verlegenheit zu bringen, zog er nach Brüssel, wo der inzwischen aus Paris ausgewiesene Karl Marx lebte. Engels durfte vorerst keinen preußischen Boden mehr betreten.

Mohr

veröffentlichte im Februar 1845 *„Die heilige Familie.* " Der ausführliche Titel des ersten gemeinsamen Werkes von Engels und Marx lässt auf Themen ihrer Gespräche während ihrer Begegnung schließen: ***"Die heilige Familie, oder Kritik der kritischen Kritik, gegen Bruno Bauer und Consorten.* "** Anlass war, dass die Brüder

Bauer eine Literaturzeitschrift gegründet hatten. General und Mohr nahmen gegen Bruno und Edgar Bauer Stellung.

Unter Marx´ Feder wucherte der polemische Text, ein umfangreiches Buch entstand. { General bedankte sich nach der Veröffentlichung dafür, als Mitautor genannt zu werden, obwohl nicht einmal ein Zehntel des Textes von ihm war. Ironisch merkte er an, man habe sich 22 Druckbogen lang darüber ausgelassen, wie wenig es sich lohne, Schriften der Bauer-Brüder zu lesen. }
Das Buch wurde kein Bestseller. Aber beim Schreiben der *„Kritik der kritischen Kritik"* präzisierten Engels und Marx ihren materialistischen Standpunkt:
Die Philosophie solle nicht nach Spuren des Weltgeistes suchen. Dafür müsse das Handeln des Menschen Ausgangspunkt der Philosophie werden. Engels und Marx enthüllten die bestimmende Rolle des Privateigentums für die Gestaltung der modernen Gesellschaft.

Bierselige Philosophen [= die Junghegelianer] redeten und meinten, es reiche über Fragen zu grübeln. Die Geschichte aber handele nicht, es sei der Mensch, der handelt, besitzt und kämpft. Die Geschichte *"besitzt keinen ungeheuren Reichtum. Sie kämpft keine Kämpfe!"* Es ist der Mensch, der durch das Verfolgen seiner Zwecke Geschichte macht.

Am 1. Febr. 1845 unterschrieb Marx bei einem Darmstädter Verlag einen Vertrag über die Abfassung eines zweibändigen Werkes *„**Kritik der Politik und National-ökonomie.**"* Dieser Vertrag wurde später aufgelöst
{ Marx benötigte vierzehn Jahre, bis 1859 *„**Zur Kritik der politischen Ökonomie**"* erschien und weitere acht Jahre, bis 1867 *„**Das Kapital"**,* **Band 1,** Kritik der politischen Ökonomie" erschien. }

Schon 1844 hatte Marx beabsichtigt, mit seinen Werken bisher gültige Aussagen der Nationalökonomie nicht nur kritisch zu hinterfragen, sondern als unwissenschaftlich zu entlarven. Karl Marx wurde zum ersten deutschen Philosophen, der sich intensiv in die politische Ökonomie einarbeitete.

Er wandte den Begriff der Entfremdung auf die Arbeit an. Je fortgeschrittener Eigentum und Arbeitsteilung seien, desto mehr sehe der Arbeiter im Produkt seiner Arbeit nur einen fremden Gegenstand. Selbst die Verrichtung der Arbeit werde entfremdet, Arbeit bedeute damit nicht mehr Erfüllung.

Für die in der Mitte des 19. Jahrhunderts lebenden Proletarier diene Arbeit nur zur Befriedigung tierischer Bedürfnisse. Aufgrund miserabler Bezahlung sei nicht einmal die physische Existenz gesichert.

1844 gehörte Mohr in Paris mit zum Kreis mit der Schriftsteller und Journalisten, die für die Zeitung **„Vorwärts"** schrieben. In ihr arbeiteten unter Leitung von **Börnstein** und **Bernays** hochkarätige Journalisten wie **Michail Bakunin, Heinrich Heine, Georg Herweg, Karl Marx, Arnold Ruge** und andere. Die Sitzungen waren anstrengend, über zehn Beteiligte diskutierten stundenlang, mit allergrößter Leidenschaft.

Es ging um die Ausrichtung der Zeitung. Sollte sie einen republikanischen oder einen sozialistischen Kurs vertreten? Mohr nahm für den Sozialismus Partei. Schon im Juni 1844 [also vor dem Treffen mit General] begeisterten sich Engels und Marx unabhängig voneinander für einzelne Aufstände und Streiks von Arbeiter*innen in Deutschland.

Am bekanntesten wurde der Aufstand der schlesischen Weber. **Heinrich Heine** widmete ihnen ein Gedicht. Drei Zeilen kündeten die [erhoffte] Revolution an:

"Altdeutschland, wir weben dein Leichentuch,
wir weben hinein den dreifachen Fluch,
wir weben, wir weben"

In Deutschland entstehe nun auch ein Proletariat. Die Revolution kündige sich an, meinte ein Teil der Journalisten. Ruge widersprach. Arbeitern fehle es an Wissen und Fähigkeiten, um eine Revolution zu beginnen.

Die Redaktion des **„Vorwärts!"** stritt sich mehrere Monate, bis sich die Sozialisten durchsetzten. Ruge wechselte zur **„La Réforme"**. Marx erläuterte in einem Artikel, warum der Aufstand in Sachsen revolutionär war: Die Weber hätten weder geplündert noch die Maschinen zerstört. Sie vernichteten stattdessen die Rechnungsbücher der Firmen. Auch seien die Arbeiter gegen Bankiers vorgegangen, aber nicht gegen Unternehmensbesitzer. Sie hätten mit dem Bewusstsein des Wesens des Proletariats gehandelt.

Marx kommentierte: *" Erst in dem Socialismus kann ein philosophisches Volk seine entsprechende Praxis, also erst im Proletariat das thätige Element seiner Befreiung finden."*

Nicht wegen dieser Meinungen wurde dem Chefredakteur Bernays der Prozess gemacht. Doch soll der *„Vorwärts"* positive Stellungnahmen zum Thema Königmord bezogen haben. Gleich vier deutsche *„Vorwärts"*-Autoren wurden ausgewiesen [Ruge, Heine, Marx...].

Im Februar 1845 zog Marx nach Brüssel um. Später zog auch General nach Brüssel. In direkter Nachbarschaft wohnten Moses Hess und seine Frau, Carl Bürgers und weitere radikalere Sozialisten.

Das sichere Fundament

Nun folgten drei Jahre intensiver theoretischer Arbeit für die beiden Partner, verbunden mit dem Aufbau kommunistischer Zirkel. In dieser Zeit wuchsen sie endgültig zusammen.

Im Frühjahr 1845 reisten General und Mohr für einige Wochen gemeinsam zu Studien nach England. Tagelang studierten beide in der berühmten Bibliothek von Manchester [mit ihren über 100.000 Bänden]. Engels frischte seine Kontakte zu Mary Burns auf [und sie folgte ihm nach Brüssel].

Zum Schluss trafen General und Mohr sich in London mit dem *Bund der Gerechten*, einer kommunistischen Gruppierung, die einen *Deutschen Arbeiterbildungsverein* als Tarnorganisation gegründet hatte.

Zurück in Brüssel gründeten sie den *Deutschen Arbeiterverein* und das *Kommunistische Korrespondenz-Komitee*. In dieser Phase der Zusammenarbeit machten Engels und Marx oft die Nacht zum Tage, indem sie bis drei Uhr nachts gemeinsam Texte schrieben. Mit dem *Korrespondenz-Komitee* versuchten sie, die sozialistische Arbeiterbildung europaweit in ihrem Sinne auszurichten.

Preußische Spitzel berichteten über ihre Aktivitäten. Schließlich forderte Preußen Belgien auf, Karl Marx auszuweisen. Im Dezember 1845 verzichtete Marx auf seine preußische Staatsbürgerschaft. Als Staatenloser wurde er nicht ausgewiesen. Bis zum Ende seines Lebens wurde er nie mehr Bürger eines Staates [obwohl er dreimal Einbürgerungs-Anträge stellte].

Als zweites gemeinsames Werk verfassten Engels und Marx **"Die deutsche Ideologie"**. Sie polemisierten gegen **Max Stirner** [und damit gegen einen weiteren ehemaligen Freund aus Berliner Zeiten.]
1844 hatte Stirner in seinem Buch **"Der Einzelne und sein Eigentum"** einen selbstbewussten und absoluten Egoismus propagiert. Der Mensch solle sich weder einem Gott, noch anderen Menschen oder einem Staat unterwerfen. Stirners Egoist *"[...] wähnt nicht, zur Fortentwicklung der Menschheit da zu sein und sein Scherflein dazu beitragen zu müssen, sondern er lebt sich aus, unbesorgt darum, wie gut oder schlecht die Menschheit dabei fahre."*

Engels und Marx erarbeiteten mit der Kritik an Stirner eine Vertiefung ihres gemeinsamen Standpunktes. Für sie erwuchsen die jeweiligen gesellschaftlichen Strukturen aus den vorhandenen ökonomischen und technischen Grundlagen. Neue Produktivkräfte [z.B. das Rad] verändern die Produktionsweisen.
Diese wirken sich auf die gesellschaftlichen Verhältnisse aus. *"Die Handmühle ergibt eine Gesellschaft mit Feudalherren, die Dampfmühle eine Gesellschaft mit industriellen Kapitalisten."*

Nicht das Bewusstsein bestimmt das Sein, sondern das Sein bestimmt das Bewusstsein. Die herrschenden Klassen formen die Staaten nach ihren Interessen.
Stimmen aber Produktivkräfte, Eigentumsverhältnisse und Überbau nicht mehr überein [so wie Engels und Marx es für ihr 19. Jahrhundert empfanden], ist die Zeit wieder reif für eine Revolution.
Der Klassenkampf der Proletarier werde die Gesellschaft auf ein völlig neues Fundament stellen. In der kommunistischen Zukunft werde die *"Fremdheit, mit der sich die Menschen zu ihrem eigenen Produkt verhalten"*, aufgehoben.

Entsprechend ihrer Überzeugung, dass die Revolution nicht in einem Land allein stattfinden kann, setzten Engels und Marx auf die internationale Karte. Von ihrem Verständnis der revolutionären Phasen aus würde zunächst das Bürgertum an die Macht kommen und allen Monarchien ein Ende bereiten. Erst wenn diese Phase durchlaufen wäre, folge die Revolution der Proletarier und zuletzt die klassenlose Gesellschaft.

Sie erkannten die Wechselspiele zwischen Verfassungs-, Staats- und gesellschaftlichen Strukturen: Es reiche nicht, politische Änderungen [z.B. von Verfassungen] anzustreben. Wichtig sei, welche Gruppen die Macht in den Händen hätten. Macht kann wechseln, wenn sich die Verhältnisse der sozialen Gruppen verändern. Wenn gesellschaftliches Gefüge aus dem Gleichgewicht kommt, lässt sich Bewusstsein schärfen und Veränderungen in Gang setzen.

Während General und Mohr das theoretische Fundament ihres Sozialismus zügig entwarfen, gestaltete sich dessen praktische Umsetzung mühsam. Es gab auch Rückschläge. So versuchten sie, den Philosophen **Pierre-Joseph Proudhon** für das Kommunistische Korrespondenz-Komitee zu gewinnen. [Im Buch *"Was ist Eigentum?"* stellte Proudhon fest: *Eigentum ist Diebstahl.*]

Doch Proudhon legte auf Zusammenarbeit mit ihnen keinen Wert. Er bevorzugte ihren Gegenspieler **Karl Grün**.

Umgekehrt suchte der Agitator **Wilhelm Weidling** ein Bündnis mit den siamesischen Zwillingen. [Eine Idee Weidlings: Einführung des "Kommunismus" durch ein Heer von Strafgefangenen.]   Marx ärgerte sich über Weidlings unwissenschaftliche Vorstellungen: *"Erweckung phantastischer Hoffnungen [...] führe nur zum schließlichen Untergang, niemals aber zur Rettung der Leidenden."*

Im Gegenzug kritisierte Weidling Engels´ und Marx´ theoretisches Arbeiten: Seine *"bescheidene Vorarbeit"* sei *"wichtiger für die gemeinsame Sache [...] als die Kritik und Kabinettsanalysen von Lehren, die von der leidenden Welt und den Drangsalen des Volkes weit entfernt seien."*

Generals Energiepotential war durch Theoriediskussionen und die Organisation sozialistischer Gruppierungen längst nicht ausgereizt. Aus seinem freizügigen Sexualleben machte er kein Geheimnis. Er lebte zwar mit Mary Burns zusammen [unverheiratet]. Aber er vergnügte sich weiter in Bordellen und tauchte gemeinsam mit Prostituierten bei sozialistischen Versammlungen auf. Ungeniert fragte er Mohr, ob sie beide einmal für ein paar Tage Brüssel verlassen sollten, um in das nächtliche Paris einzutauchen.

1847 wurden schwere Vorwürfe gegen Engels erhoben. **Sibylle Hess**, die Frau von Moses Hess, sei durch ihn vergewaltigt worden. Das bestritt er, gab aber gleichzeitig mit unverhohlener Schadenfreude zu, Moses Hess mit dessen Frau betrogen zu haben.

"Wir Barmer leben unsere Pubertät später aus", so kommentierte er in hohem Alter sein Verhalten. In den 1840er Jahren meinte er: *"Hätt´ ich 5.000 fr. Renten, ich tät´ nichts als arbeiten und mich mit den Weibern amüsieren, bis ich kaputt wär´. Wenn die Französinnen nicht wären, wär´ das Leben überhaupt nicht der Mühe wert."*

Engels fuhr aber nicht allein wegen amouröser Abenteuer nach Paris. Er versuchte, besonders bei den „Straubingern" [am Sozialismus interessierten Arbeitern], Anhänger für sein und Marx´ Verständnis von Kommunismus zu finden.

Jedoch war Engels zwar ein guter Redner, doch bestand zwischen ihm und seinen Zuhörern. eine deutliche Distanz. Stephan Born beschrieb es so: *"hatte er [= Engels] wohl bemerkt, daß er selber auf die eigentlichen Arbeiterkreise keinen Einfluß auszuüben vermochte. Er war denn doch der reiche Bourgeoissohn, der allmonatlich seinen Wechsel von seinem Vater, dem großen Fabrikherrn in Barmen erhielt; die Sorge des Lebens trat nie an ihn heran, er hatte nichts von einem Arbeiter an sich (...)"*

Engels meldete dennoch einen Erfolg. Nach mehreren Diskussionen entschied sich eine Gruppe von Straubingern mit 13 gegen 2 Stimmen für die marxistische Richtung.

Das *"Kommunistische Manifest"*

1847 rief der *Bund der Gerechten* zu einer Tagung nach London. Mittels eines Tricks wurde General Gesandter der Pariser Gruppen. Sein Freund Stephan Born leitete die Wahlversammlung und fragte, wer gegen Engels als Vertreter sei. Eine Minderheit meldete sich. Damit sei Engels gewählt, stellte Born fest.

In London nannte sich der *Bund der Gerechten* in **Bund der Kommunisten** um, und änderte sein Motto von *"Alle Menschen sind Brüder"* in **"Proletarier aller Länder, vereinigt euch!"**

Schließlich wurde Engels beauftragt, das Grundsatzprogramm des Bundes zu verfassen. Der erste Text war der **"Entwurf eines Kommunistischen Glaubensbekenntnisses".** Der Text wurde wie in einem christlichen

Katechismus im Frage-und-Antwort-Stil verfasst [22 Frau-gen und Antworten]. Im Oktober 1847 legte Engels einen zweiten Entwurf vor, die ***"Grundsätze des Kommu-nismus".***

Ende November, Anfang Dezember wurde darüber zehn Tage lang diskutiert. Schließlich sorgte Marx, der diesmal dabei war, mit einer überzeugenden Rede dafür, dass die von Engels aufgestellten Grundsätze angenommen wur-den.
Den Auftrag zur endgültigen Redaktion des Textes ging an Engels und Marx. Beide begannen noch in London mit der Arbeit und setzten sie in Brüssel fort. General musste nach Paris reisen, Mohr schrieb die Schlussfassung des ***"Kommunistischen Manifests"*** allein. Der kleinen Schrift [unter 40 Druckseiten] ist sowohl inhaltlich als auch stilistisch anzumerken, dass keine „Commission" in ihre Gestaltung eingriff.

Wilhelm Liebknecht schrieb ihr Entstehen beiden Freunden zu: *„Was hat der eine, was der andere geliefert? Müßige Frage. Es ist aus einem Guss, und Marx und Engels sind ein Geist – untrennbar im Kommunistischen Manifest, wie sie es bis zu ihrem Tode in ihrem ganzen Wirken und Schaffen geblieben sind (...)"*

Eine plakative Ansage leitet das *„Kommunistische Mani-fest"* ein: *"Ein Gespenst geht um in Europa."*

Dem *„Bund der Kommunisten"* ging um Selbstvergewis-serung. Und Abgrenzung. *"Es ist hohe Zeit, daß die Kom-munisten ihre Anschauungsweise, ihre Zwecke, ihre Ten-denzen vor der ganzen Welt offen darlegen, (...)"*
Im Februar 1848 gedruckt, diente das *"Kommunistische Manifest"* weniger der Darstellung nach außen als der Klä-rung nach innen. Gedruckt wurden gerade 600 Exemp-

lare, die man unter den Mitgliedern des *Bundes der Kommunisten* verteilte.

\-   \-   \-   \-   \-   \-   \-

Anmerkung: Was steht im *"Kommunistischen Manifest"*?

Erst die Nachwelt sprach dem *„Manifest"*, einem Text von gerade 36 Druckseiten, seine große Bedeutung zu.

Der erste Abschnitt *"Bourgeois und Proletarier"* begann mit jener kategorischen Feststellung *"Die Geschichte aller bisherigen Gesellschaft ist die Geschichte von Klassenkämpfen."*

Erläutert wird die Entwicklung menschlicher Geschichte von der Antike bis zur Gegenwart. Zur bürgerlichen Gesellschaft heißt es: *"Wir sehen also, wie die moderne Bourgeoise selbst das Produkt eines langen Entwicklungsganges, einer Reihe von Umwälzungen in der Produktions- und Verkehrsweise ist. (...)*
Die Bourgeoisie (...) hat an die Stelle der mit religiösen und politischen Illusionen verhüllten Ausbeutung die offene, unverschämte, direkte, dürre Ausbeutung gesetzt. (...)
Sie zwingt alle Nationen, die Produktionsweise der Bourgeoisie sich anzueignen, wenn sie nicht zugrunde gehen wollen. (...)"

Dann werden die Proletarier und ihre Rolle für die damalige Gegenwart und Zukunft ins Spiel gebracht.

"Aber die Bourgeoisie hat nicht nur die Waffen geschmiedet, die ihr den Tod bringen, sie hat auch die

Männer gezeugt, die diese Waffen führen werden - die modernen Arbeiter, die Proletarier. (...)"

Die „Organisation der Proletarier zur Klasse (...) wird jeden Augenblick wieder gesprengt durch die Conkurrenz unter den Arbeitern selbst. Aber sie ersteht immer wieder, stärker, fester, mächtiger. (...) Es werden ferner, wie wir sahen, durch den Fortschritt der Industrie ganze Bestandteile der herrschenden Klasse ins Proletariat hinabgeworfen (...). Auch sie führen dem Proletariat eine Masse Bildungselemente zu. (...)

Mit der Entwicklung der großen Industrie wird also unter den Füßen der Bourgeoisie die Grundlage selbst weggezogen worauf sie produzirt und die Produkte sich aneignet. Sie produzirt vor Allem ihre eignen Todtengräber. Ihr Untergang und der Sieg des Proletariats sind gleich unvermeidlich."

Der zweite Abschnitt geht auf die Beziehungen zwischen "Proletariern und Kommunisten" ein: Die Kommunisten *"haben keine von den Interessen des ganzen Proletariats getrennten Interessen. (...) Was den Kommunismus auszeichnet, ist nicht die Abschaffung des Eigenthums überhaupt, sondern die Abschaffung des bürgerlichen Eigenthums. (...)"*

Der Kommunismus werde *"die Ausbeutung des einen Theils der Gesellschaft durch den andern (...)"* beenden. Mit der *"Erhebung des Proletariats zur herrschenden Klasse (...)"* übernehme der Staat die Produktions-Instrumente.

Das Proletariat *"hebt mit diesen Produktions-Verhältnissen die Existenz-Bedingungen des Klassengegensatzes der Klassen überhaupt, und damit seine eigene Herrschaft als Klasse auf."*

Der dritte Teil *"Socialistische und kommunistische Literatur"* dient schließlich zur Auseinandersetzung mit konkurrierenden sozialistischen Ideen.
Zuerst wurde der reaktionäre, z.b. feudale oder christliche Sozialismus verworfen. Der träume von bereits untergegangenen Welten.
Der kleinbürgerliche Sozialismus, wie ihn **Sismondi** vertrete, kritisierte den Kapitalismus nur aus der Perspektive kleiner Handwerker oder Bauern.
Und der "deutsche oder wahre" Sozialismus sei nur philosophisches Gedankenspiel.
Weiter gebe es den konservativen oder Bourgeoisie-Sozialismus. Für diesen stehe **Proudhon**. Er wolle Verbesserungen für die Arbeiter, aber keine Veränderungen des Systems.

Progressiv und zielführend für das Proletariat seien nur der kritisch-utopische Sozialismus und der Kommunismus. Die Urheber der sozialistischen Theorien seien revolutionär gewesen. Jedoch hätten ihre Schüler reaktionäre Sekten gebildet. Deren Denkfehler sei, dass sie zwischen den gesellschaftlichen Gegensätzen vermitteln wollten.

Im kurzen 4. Schlussteil des *"Manifests"* wurden einige taktische Überlegungen zu Ländern aufgezählt.
Die abschließenden letzten Sätze des *„Kommunistischen Manifests"* werden immer wieder zitiert oder paraphrasiert:
"Mögen die herrschenden Klassen vor einer Kommunistischen Revolution zittern. Die Proletarier haben nichts zu verlieren als ihre Ketten. Sie haben eine Welt zu gewinnen.
Proletarier aller Länder vereinigt Euch!"

- - - - - -

113

Das *"Kommunistische Manifest"* war bei weitem nicht der Kanonenschuss, der die politischen Lager aufweckte oder verschreckte. Das Manifest hatte nach seinem Erstdruck [und auch nach seinem erneuten Abdruck in Fortsetzungen in der englischen Zeitung *„Red Republican"* 1850] nur eine geringe Wirkung.

Denn der Mantel der Geschichte wehte über das *„Manifest"* des kleinen „Bundes der Kommunisten" hinweg. Europa blickte in Richtung Frankreich. Dort begann die **1848er Revolution**, die von Frankreich aus die Nachbarstaaten überflutete. Im Februar 1848 hatten die Franzosen ihren König vertrieben, nur einen Monat später wankten die Throne in Wien und Berlin.

Im Sturm dieser Ereignisse spielte das *"Manifest"* selbst für das Komitee der Kommunistischen Partei in Deutschland keine große Rolle mehr. Am 24. März veröffentlichte es die an die aktuelle Situation angepassten ***"Forderungen der Kommunistischen Partei in Deutschland"***.

Das Feuer der Revolution: 1848

Brüssel, Paris, ... Köln ...

Für Engels und Marx gab es eine soziale Revolution nur in Kopplung mit einer politischen Revolution. Ihr Kommunismus setzte [aufgrund ihrer bis dahin entwickelten Theorie] 1848 auf die bourgeoise Revolution als Vorspiel der proletarischen Revolution.

Als Konsequenz spielten sie 1848/49 in Deutschland, speziell in Köln, eine Doppelrolle: Sie unterstützten oft

Forderungen der [groß]bürgerlichen Fraktionen. Ihre Hoffnung: Deren Verwirklichung führe zum raschen Untergang der Bourgeoisie.

Die 1848er Revolution fiel nicht vom Himmel. Bereits 1847 hatte es in vielen europäischen Staaten gebrodelt. Die politischen Systeme der Restauration machten auf progressive Bürger den Eindruck prachtvoller Fassaden, hinter denen nur Ruinen standen.

Selbst die Herrscher zweifelten an der Verlässlichkeit staatlicher Strukturen:

In Preußen wurden die Stände zu einem vereinigten Landtag zusammengerufen,

in England fanden die Chartisten immer mehr Anhänger,

in Frankreich wuchs die Unzufriedenheit mit dem eingeschränkten Wahlrecht spürbar an,

in Italien bewaffnete man sich gegen das den Norden beherrschende Österreich,

im Königreich Neapel gab es eine Rebellion gegen die Herrschaft der Bourbonen.

Als im Februar und März 1848 die Revolutionen begannen, leisteten die Herrscherhäuser nur halbherzige Gegenwehr: Der österreichische Staatskanzler Metternich musste ins Exil nach London.

In Paris verzichtete der König zugunsten seines neun Jahre alten Enkels. Jedoch reichte dieses Opfer nicht. Die Menge forderte die Republik und bekam sie prompt, einschließlich der Pressefreiheit und des Wahlrechts für alle Männer.

In Brüssel jedoch widerstand der **König Leopold I.** allem Aufbegehren der Bürger. Zwar versuchten Engels und

Marx, das Feuer der Revolution auch in Brüssel zu entzünden. Gemeinsam mit anderen Revolutionären organisierten sie in Brüssel Versammlungen. Dabei wurden Petitionen an den Stadtrat verfasst. Um Marx am 3. März 1848 aus Belgien auszuweisen, genügte der Regierung die Verhaftung von Mitgliedern des Deutschen Arbeiterbildungsvereins bei Straßentumulten. Es sei offensichtlich, dass Karl Marx im Zentrum einer Verschwörung stehe.

Die dramatischen Umstände der Ausweisung brachten Marx und seine Frau sogar kurzzeitig ins Gefängnis. Die Polizei hatte Mohr aufgesucht. Er sollte Papiere übergeben, an denen er schrieb. Marx weigerte sich und wurde abgeführt.

Den Vorwurf der Verschwörung konnte die Polizei nicht belegen. Auch Marx´ Frau Jenny wurde verhaftet und ins Gefängnis gebracht. Marx traf am 4.3. in Paris ein und beschwerte sich. *"Das ganze Verbrechen meiner Frau bestand darin, dass sie trotz ihrer Zugehörigkeit zur preußischen Aristokratie die demokratischen Auffassungen ihres Mannes teilt."*

Aus dem „königstreuen" Brüssel verbannt, wurden Engels und Marx im republikanischen Paris gefeiert. Hochrangige Personen luden sie zu sich ein, so der Innenminister **Ledru-Rollin**.

Die republikanische französische Regierung wollte die politische Entwicklung in Deutschland fördern. Sie unterstützte die Bildung einer Legion, die sich aus revolutionären deutschen Handwerkern zusammensetzte.

Deutsche, die freiwillig in ihre Heimat gingen, um für die

Revolution zu kämpfen, erhielten von der französischen Regierung 50 Centimes Sold pro Tag. Während **Herwegh** und **Bornstedt** dieses Unternehmen unterstützten, lehnten General und Mohr es ab. Den Initiatoren der Legion sei nicht klar, dass in Deutschland als erste Revolution der Kampf zwischen Bourgeoise und Aristokratie anstehe.

Denn die Voraussetzungen für eine proletarische Revolution müssten erst noch geschaffen werden. Um dafür Voraussetzungen zu schaffen, gründeten Engels und Marx in Paris einen Deutschen Arbeiterverein. Dessen aktuelles Hauptziel war die Aussendung kommunistischer Aktivisten ins Rheinland. Die sollten dort mit Reden vor Versammlungen den Boden für die kommende Revolution vorbereiten.

Der Streit um den Einsatz der Legion verlor mit der Märzrevolution 1848 an Bedeutung. Am 19. und 20. März trafen in Paris die Nachrichten von den Revolutionen in Wien und Berlin ein.
Nun ermunterte der Bund der Kommunisten einzelne Mitglieder, in ihre Heimatstädte zurückzukehren und an einem nationalen Netzwerk zu arbeiten, dessen Zentrale in Mainz liegen sollte. Dorthin reisten Friedrich Engels, **Ernst Dronke** und die Familie Marx.
Jenny Marx zog mit den Kindern für drei Monate nach Trier.

Im April 1848 kehrten Engels und Marx nach Köln zurück, wo Marx Chefredakteur der *Neuen Rheinischen Zeitung* wurde. Dieses radikale Blatt konnte trotz größter Schwierigkeiten ein Jahr lang arbeiten [bis in den Mai 1849].

Auch in Köln suchten mehrere sozialistische Gruppen mit

unterschiedlichen Vorstellungen nach Anhängern. Die weitaus größte Gruppe war der *"Arbeiter-Verein"* des sehr engagierten und beliebten Arztes **Andreas Gottschalk**. { Bei der Gründungsversammlung scheiterten Namensvorschläge wie *"Demokratisch-Sozialistischer Klub"* und *"Volks-Verein".* }

Der sich am *"wahren Sozialismus"* des **Karl Grün** orientierende Gottschalk forderte eine friedliche Umgestaltung des Systems. Von den Resten der alten Feudalordnung wollte er direkt zum Sozialismus übergehen.

Für die komplexen Überlegungen von Engels und Marx hatte er wenig Verständnis. Die beharrten als Mitglieder der *"Demokratischen Gesellschaft"* darauf, dass im zu wenig industrialisierten Deutschland die Bedingungen für eine proletarische Revolution fehlten und setzten sich dafür ein, dass zuerst verfassungsmäßige bürgerliche Regierungen an die Macht gelangen müssten.
Zur Verblüffung anderer Sozialisten unterstützte die Zwei-Männer-Partei Engels und Marx oft Forderungen der Bourgeoisie [z.B. nach Freihandel] und nicht der Proletarier.

Empört warf Dr. Gottschalk Engels und Marx vor: *"Das Elend des Arbeiters, der Hunger des Armen hat für Sie nur wissenschaftliches, doktrinäres Interesse [...] Sie glauben nicht [...] an die Empörung des arbeitenden Volkes, deren steigende Fluten schon dem Kapitale den Untergang zu bereiten anfangen [...]."*

Damit prallten zwei unterschiedliche sozialistische Denkrichtungen aufeinander. Die erste setzt auf sofortige konkrete Änderungen der Lage der Arbeiter*innen, die zweite kritisiert, heute erfolgende Lohnerhöhungen und Arbeitszeitverkürzungen ändern nichts am eigentlichen Problem.

Denn die Proletarier werden weiter von den Kapitalisten ausgebeutet.

Marx und Engels nutzten die *„Neue Rheinische Zeitung"*, um für ihre Forderung nach einer Umwälzung der Gesellschaft zu werben, die vom Bürgertum getragen wurde. Die *„Neue Rheinische"* erreichte immerhin eine Auflage von 5.000 Exemplaren.
Engels versuchte in Barmen, den Kreis der Investoren für die Zeitung zu vergrößern. Doch vergeblich, die dortigen Unternehmer erinnerten sich noch gut an seinen Einsatz für den radikalen Sozialismus.

Am 24. März 1848 veröffentlichte das Komitee der Kommunistischen Partei in Deutschland [**Schapper, Engels, Bauer, Moll, Wolff**] sein "Programm". Ganz Deutschland solle zu einer einigen Republik erklärt werden, mit eigener Staatsbank, verstaatlichten Transportmitteln und Nationalwerkstätten für bisher Arbeitslose.
Diese Ideen waren innerhalb der sozialistischen Gruppen umstritten. So erklärte Grün, Zentralisierung in einer Republik führe nur zur Ersetzung individueller Monopole durch ein kollektives Monopol.

Bei den Wahlen für die Nationalversammlung wählten die Deutschen mehrheitlich Verfassungsreformer, Liberale, Republikaner und Sozialisten.
Die Nationalversammlung trat erstmals am 5. Mai 1848 in Frankfurt/Main zusammen. Während der folgenden langwierigen und komplexen Auseinandersetzungen im *"Professorenparlament"* konnten die konservativen Kräfte nach und nach ihre Interessen durchsetzen.
Schließlich saßen sie an den Hebeln der Macht. Die Nationalversammlung hatte keine eigene Armee, nicht einmal eine Polizeibehörde.

Der schwindende Elan der Revolution lässt sich an den Schicksalen von General und Mohr ablesen. Anfangs in Köln stürmisch begrüßt, wurden sie dort 1849 ausgewiesen.

Heinrich Bürgers erinnerte sich 1877 an die Zeit der Revolution: *"Für das zeitunglesende Publikum wie für die preußische Regierung galt Köln zu der Zeit, von der ich spreche, als das Hauptquartier der roten Demokratie, und die Kundgebungen, welche von den dortigen Vereinen, der demokratischen Gesellschaft und dem Arbeiterverein ausgingen, konnten wohl zu dem Glauben verleiten, daß dort ein revolutionärer Handstreich im Schilde geführt wurde."*

Durch ihre Uneinigkeit in taktischen und ideologischen Fragen schwächten sich die sozialistischen Kräfte in Köln gegenseitig. Aus Angst, Einfluss und politisches Gewicht zu verlieren, waren General und Mohr nicht bereit, mit den 600 Anhängern ihrer *Demokratischen Gesellschaft* Teil der 7.000 Mitglieder starken Bewegung des Arztes Gottschalk zu werden. Bei einer simplen Eingliederung ihrer Gruppe hätten sie ihren Vorstellungen kein Gehör mehr verschaffen können.

Die Asche der Revolution: 1849

Die 48/49er Revolution fand ihr Ende, nachdem der preußische König die ihm angebotene deutsche Kaiserkrone
abgelehnt hatte. Die meisten Abgeordneten der Nationalversammlung fuhren nach Hause.
Nur noch im süddeutschen Raum kämpften Radikale unverdrossen für eine Republik. Dorthin begaben sich auch
Friedrich Engels und Karl Marx nach der Ausweisung aus
dem preußischen Köln.

Sie setzten sich u.a. in Speyer und Kaiserslautern weiter
für die Revolution ein. Engels schloss der 800 Mann star-
ken Arbeiter- und Studentenbrigade des Oberst **August
Willich** an. Als einer seiner Adjutanten nahm er an vier
Schlachten teil und musste schließlich mit den Resten von
Willichs Truppe in die Schweiz fliehen.

Mohr eilte noch im Juni als Vertreter des pfälzischen demokratischen Kreisausschusses nach Paris. Dort forderte
ihn die Regierung des neuen Kaisers Napoleon III. im
August 1849 auf, die Stadt zu verlassen.

Marx musste wählen: entweder die Verbannung in die
französische Provinz oder das Verlassen des Landes. Er
entschied der sich für den **Wechsel nach London**, trotz
der vielen damit verbundenen Probleme.
Engels folgte ihm. Da er weder Deutschland noch Frankreich betreten durfte, reiste auf einem Schiff von Genua
nach London. Noch 1849 nahm das viktorianische England
die Asylanten General und Mohr auf. Es wurde bis zu
ihrem Tod ihr Lebensmittelpunkt. Deutschland [auch
Preußen], Belgien und Frankreich sahen sie nur noch als
Reisende oder Gäste wieder.

3. Mühsamer Turmbau

[1849 - 1883]

Friedrich Engels und Karl Marx hatten in einem ersten Schritt für sich [und die kleine Schar ihrer Anhänger] ihr radikales Verständnis von Sozialismus entwickelt. Nun galt es, ihrem Sozialismus überall Geltung zu verschaffen. Mit größter Beharrlichkeit gingen sie ans Werk. Erstens wollten sie durch Schriften wirken, zweitens durch die Übernahme einflussreicher Posten innerhalb der sozialistischen Bewegung.

Zu Beginn des dritten Abschnittes ein erster Überblick:

1850 veröffentlichte Engels *"Der deutsche Bauernkrieg"*, 1852 Marx *"Der 18. Brumaire des Louis Napoleon"*. Ab November 1850 wurde Engels in Manchester unternehmerisch tätig. So konnte er Marx´ Forschen und Schreiben (mit)finanzieren. 1857 erschien in 1.000 Exemplaren Mohrs *"Die Kritik der politischen Ökonomie"*. Das Werk fand selbst bei Anhänger*innen keine positive Resonanz.

Gleich im Anschluss diskutierten und konzipierten General und Mohr *"Das Kapital"*. Dessen erster Band erschien 1867. Parallel arbeitete Engels in Manchester an seiner *"Dialektik der Natur"*. Diese Gedanken wurden erst postum 1921 veröffentlicht. 1870 kehrte Engels als Rentier nach London zurück. Dort leitete Marx seit 1864 die *Erste sozialistische Internationale* [IAA]. 1871 katapultierte Mohr sie

122

mit seiner Darstellung der Geschichte der Pariser Kommune [*„Der Bürgerkrieg in Frankreich"*] als Schreckgespenst ins Bewusstsein des bürgerlichen Europa.

1876 musste die Erste Internationale wegen interner Flügelkämpfe aufgelöst werden. Der 1878 veröffent-lichte ***"Anti-Dühring"*** war eine wirksame Einmi-schung in Auseinandersetzungen innerhalb der deutschen Sozialdemokratie.

Die Mühen der fremden Ebenen   London, 1849/50

Zwar nahm England 1849 deutsche politische Flüchtlinge auf. Doch die geduldeten Asylanten mussten ihr Leben und ihren Unterhalt selbst organisieren. Zu diesen Asylanten zählten auch Engels und Marx. Wer kein eigenes Ver-mögen mitbrachte, musste um seine nackte Existenz kämp-fen.

Arbeit fand nur, wer Englisch sprechen [und schreiben] konnte. Die Engländer hielten auf mentale Distanz zum "Kontinent" [und zu deutschen, französischen, belgischen und weiteren Flüchtlingen].

Die politischen Flüchtlinge mussten zudem die psychischen Schockwellen aller Ereignisse bewältigen, die sie zur Flucht gezwungen hatten: Die Abfolge ständiger Enttäuschungen und Niederlagen,   ...

Hohn, Verrat, Verfolgung; der Verlust der Existenz, der Freunde, der Heimat. Nicht alle konnten in London Fuß fassen, nicht alle besaßen die mentale Stärke, eine neue politische Zukunft zu denken.

In diesem Elend stützen Engels und Marx sich gegenseitig. Beide stürzten sich ins Schreiben: General schrieb über *„Den Deutschen Bauernkrieg"*; Mohr konzentrierte sich auf das Projekt *„Neue Rheinische Zeitung Politisch-ökomische Revue"*. Über Hamburg sollte sie in Deutschland verbreitet werden.

Der Name wurde nicht allein gewählt, damit die Käufer*innen sofort wussten, welche politische Richtung hier vertreten wurde. Die Redakteure glaubten ernsthaft, spätestens im nächsten Jahr wieder in den Räumen der Kölner Redaktion zu arbeiten. Die Revolution konnte einfach noch nicht vorbei sein.

Wie viele andere scheiterte auch dieses von Emigranten begonnene Projekt. Nach vier Ausgaben war die Zeitung finanziell am Ende. Es fanden sich zu wenige Leser*innen. Auch verhinderten preußische und andere Behörden die Verbreitung in Deutschland; wo immer sie es konnten.

Ein politisch-literarischer Ertrag des Projekts wurden Mohrs Schilderungen und Bewertungen *"Der Klassenkämpfe in Frankreich 1848 -1850"* [Die Artikel wurden später als Buch veröffentlicht.].

Engels *„Der deutsche Bauernkrieg"* wurde nicht in Mohrs Zeitung abgedruckt. Mit diesem Werk wurde bisheriges historisches Denken auf den Kopf gestellt: Politik, Ideen und Religion sind *keine* treibenden historischen Ursachen. Im Gegenteil: Sie sind bedingt durch Ackerbau, Handwerk, Land- und Wasserstraßen, die Möglichkeiten des Warenhandels.

Der extreme Reformator Thomas Müntzer musste scheitern, weil die feudalistischen Strukturen und die agrarische Ökonomie 1525 noch viel zu weit von dem Aufbau der Gesellschaft entfernt waren, den die Bauern und Müntzer forderten.

Einige Kritiker mein(t)en, Engels wollte mit den Hinweisen auf sich verändernde Strukturen seinen Leser*innen Mut machen: Strukturen ändern sich, die Revolution wird kommen.

In der Zeit nach der Ankunft war vielen Flüchtlingen nicht bewusst, dass sie eine vollständige Niederlage erlitten hatten. Blind und unverdrossen zündelten sie für ihre Revolution. Rückblickend schilderte Engels [mit ironischem Abstand] das Verhalten vieler: *„ (…) man (…) schwört darauf, dass es in vierundzwanzig Stunden wieder losgeht, dass der Sieg gewiss ist, und verteilt im Hinblick hierauf schon die Regierungsämter. Natürlich folgt Enttäuschung auf Enttäuschung… "*

Die Asylanten machten sich für das Scheitern der 1848/49er Revolution auch gegenseitig verantwortlich. Zu den Schuldzuweisungen gesellte sich der nie endende und Kräfte bindende Streit um die Gestalt der neuen Gesellschaft. Die Koalitionen waren bunt und wechselten. General und Mohr verbündeten sich kurzfristig mit prominenten Flüchtlingen, um sie bald darauf zu verdammen. So zählten die beiden zur [langen] Liste ihrer „Gegner":

Die Führer des Bundes der Kommunisten, **Karl Schapper** und **August Willich**,
Gottfried Kinkel, Arnold Ruge, **Struwe** und **Heinzen,** den Italiener **Giuseppe Mazzini**, den Franzosen **Louis Blanc**, den Ungarn **Lajos Kossuth**, [sowie den englischen Chartisten **Julian Harney**].

Einen Einblick in die Auseinandersetzungen gibt ein damals mit großem Groll verfasster Brief August Willichs { Willich hatte 1849 in Baden eine 800 Mann starke Arbeiter- und

Studentenbrigade geführt und Engels zu einem seiner Adjutanten berufen. Ebenfalls nach London geflohen, engagierte Willich sich in der sozialistischen Szene } :

"Der erste Widerspruch zwischen Marx, Engels und mir stellte sich heraus, als von den in London anwesenden Männern der Revolution, die einen größeren oder geringeren Wirkungskreis gehabt hatten, die Einladung zu einer Versammlung an uns gerichtet wurde. (...)"

Willich war für die Annahme der Einladung. Denn er wollte, *"daß der Eklat innerer Zerwürfnisse in der Emigration nach außen hin nicht verbreitet werden sollte."* Er *"wurde niedergestimmt und von dem Tage an datieren die ekelhaften Zerwürfnisse in der Londoner Emigration..."*

"Herr Marx (...) hat es versucht, die Partei des Proletariats, der wir gemeinsam angehören und deren innerstes Wesen Selbstverwaltung und Selbstregierung sein muß (...), diese Partei zuerst zur Partei der Neuen Rheinischen Zeitung dann zur Partei ´Marx´ zu individualisieren. Die Menschheit zerfällt so für ihn in zwei Parteien: `Marx und die übrige Menschheit´."

Diese Zitate verdeutlichen, mit welch großer Energie sich die geflohenen Revolutionäre gegenseitig zerfleischten.

Wer zum Kreis der "Partei" um Engels und Marx gehören wollte, musste ihre Gesinnung zu hundert Prozent teilen. Wie das überprüft *wurde, schilderte Wilhelm Liebknecht in seinen Erinnerungen:* "Ich (...) war mitten in lebhaf-

ter Unterhaltung, als Marx mir auf die Schulter klopfte, sehr freundlich grüßend. (...) es schwante mir, daß jetzt das 'große' Examen bevorstand, doch ich folgte vertrauensvoll. Marx (...) führte mich in den Private Parlour, wo Engels (...) mich sofort unter lustigen Scherzen in Empfang nahm. (...) Im Nu war 'Stoff' zum Trinken und auch zum Essen bestellt - bei uns Flüchtlingen spielte die Magenfrage eine hervorragende Rolle (...)

Zuerst sprachen die drei über Texte, die sie voneinander gelesen haben. *"Ich stand bei meinen beiden Examinatoren in Verdacht kleinbürgerlicher 'Demokratie' und 'süddeutschen Gefühlsdusels'. Und manches Urteil, das ich über Menschen und Dinge fällte, stieß auf sehr scharfe Kritik. Indes, es gelang mir doch, den Verdacht von mir abzulenken. Ich brauchte nur zu erzählen, wie es mir in Baden mit der bürgerlichen Demokratie ergangen war, (...)"* { Ein Anwalt hatte abgelehnt, Liebknecht zu verteidigen, denn der beharrte auf seiner kommunistischen Einstellung. }

"Im ganzen verlief das Examen nicht ungünstig, und das Gespräch nahm allmählich eine weitere Ausdehnung. (...) Den Abend kam ich nicht mehr nach Hause - wir sprachen und lachten und tranken bis spät am anderen Morgen (...)."

Gegen den Strich gelesen, lösen Liebknechts Erinnerungen an das Abchecken seiner Gesinnung keine positiven Gefühle aus. Engels und Marx akzeptierten nur Einstellungen, die ganz auf ihrer Linie lagen.

Die politischen Grabenkämpfe erschwerten den Kampf um das tägliche Brot und eine wenigstens kümmerliche Bleibe. Mohr wurde von Vermieter*innen oft abgewiesen, wenn er erklären musste, vier Kinder zu haben. [Der Hinweis, auch ein Dienstmädchen zu haben, nutzte da nichts.] Schließlich bekam selbst General kein Geld mehr von seinen Eltern. Seine Mutter schrieb: *„Es wäre für uns vielleicht das Bequemste, wenn wir Dir Geld zu Deinem Unterhalt schickten. Es ist aber ein sonderbares Verlangen, dass ich einen Sohn unterhalten soll, der Grundsätze und Lehren in der Welt zu verbreiten sucht, die ich für ein Verderben für die Menschheit und für sündlich halte."*

Die Lage wurde immer verzweifelter. Häufiger sah sich Marx gezwungen, Eigentum ins "Haus mit den drei Kugeln" [wie die Töchter es nannten] zu tragen, also zu Pfandleihern.

Im hoffnungslosen Elend dieses Sumpfes wucherte eine groteske Idee ins Reale. Ein surrealer Plan wurde in praktisches Tun umgesetzt. { Es gibt keine einzige Quelle darüber, wann und wo Engels und Marx ihn besprachen und was genau sie beschlossen haben. 15 Jahre später erklärte Mohr in einem Brief an General, ihre Kameradschaft bestehe in einem *„Kompagniegeschäft",* bei dem Marx *„für den theoretischen und Parteiteil des busines"* zuständig sei. }

Aufgrund der in herber Not getroffenen Abmachung bat General seine Familie, wieder bei Ermen & Engels in Manchester arbeiten zu dürfen. Die Familie band ihn vertraglich für drei Jahre. So „schacherte" General seit November

1850 wieder in Manchester, in der Firmenleitung von Ermen & Engels, der Firma, an der sein Vater beteiligt war { Engels wirkte dort gegen seinen Willen und sein Selbstverständnis als Sozialist. Er ahnte nicht, dass dieses Doppelspiel ganze 19 (!) Jahre seines Lebens in Anspruch nehmen würde. }.

Das bedeutete auch die physische Trennung von General und Mohr. Doch der räumliche Abstand hinderte sie nicht an der Fortsetzung des gemeinsamen Werkes. Die Idee des Kommunismus musste weiter verbreitet werden. Das Hauptwerkzeug sollte die durchschlagende Kritik aller bisherigen ökonomischen Lehren sein.

1.400 Briefe

Getrennt marschieren [General in Manchester, Mohr in London], *vereint schlagen*. Unter dieser Devise wirkten beide in den Jahren von 1850 bis 1870. Ihre intensive Zusammenarbeit dokumentieren 1.400 archivierte Briefe, die sie sich während dieser zwei Jahrzehnte schrieben. Es ging um Theoretisches, Praktisches, Persönliches. Beide nahmen kein Blatt vor den Mund, berichteten über Klatsch, barsten vor Ironie und äußerten sich sehr verächtlich über andere. Sie nahmen nicht an, dass ihre Briefe einmal veröffentlicht würden.

Aber genau dazu sah sich die SPD im Zuge ihres Personenkults um General und Mohr 1913 veranlasst. Dabei schrieb **Bebel** an **Kautsky** „*(...) dass etliche Briefe über-*

haupt nicht abgedruckt wurden, weil sie uns zu haarig waren. Die beiden Alten haben damals eben eine Art gehabt, Briefe zu schreiben, mit der ich mich überhaupt nicht befreunden kann." [Vollständig wurde der Briefwechsel erst 1929-31 in der Sowjetunion veröffentlicht.]

Die Engels-Marxsche-Briefflut ist der damaligen Qualität der englischen Post zu verdanken. Gab General bis neun Uhr morgens einen Brief in Manchester auf, erreichte das Schreiben noch am gleichen Tag bis 18 Uhr Mohr in London. So konnten beide tagesaktuell arbeiten.

Wichtig war das besonders 1851/52 für eine Einnahmequelle Mohrs. Er schrieb wöchentlich einen Artikel für die auflagenstärkste Zeitung der Welt, die *"New York Daily Tribune".* { **Charles Dana**, einer ihrer Herausgeber, hatte Mohr als Chefredakteur der *"Neuen Rheinischen Zeitung"* kennengelernt. } Pro Tag wurden 200.000 Exemplare gedruckt. Marx´ Artikel sollten die US-amerikanischen Leser*innen über Europa informieren.

Mohrs anfängliches Problem war das Schreiben von Texten in Englisch. Also verfasste er die Artikel in Deutsch und schickte sie General mit der Bitte um Übersetzung.
[Überhaupt verfasste General eine Reihe der offiziell von Marx geschriebenen Artikel.] Marx erhielt pro Artikel 10 engl. Pfund, später 20 engl. Pfund. Die letzten Artikel für die New Yorker Zeitung schrieb Mohr 1859. Später verdiente er auch Geld durch Artikel für die *"Neue Oder Zeitung".*

Wie wichtig die Briefe waren [für die sachliche Zusammenarbeit und ihre Freundschaft] , macht ein Rückblick von Eleanor Marx deutlich: *"Eine meiner ersten*

Erinnerungen ist die Ankunft von Briefen aus Manchester. Die beiden schrieben sich einander beinahe täglich, und ich erinnere mich noch, wie oft Mohr (...) zu den Briefen sprach, als wäre der Schreiber zugegen: 'Nein, so ist's nu doch nicht', 'da hast du recht' etc. etc. Aber am besten erinnere ich mich daran, wie Mohr manchmal über die Briefe von Engels lachte, daß ihm die Tränen über die Wangen liefen."

Marx überschüttete Engels zusätzlich mit Anfragen zu Details, die er für *„Das Kapital"* benötigte. Manchmal fügte er seinen Bitten die Bemerkung hinzu, er wisse, wie hoch Engels gerade belastet sei. Doch er brauche unbedingt sofort diese oder jene Angaben.
Engels Mitwirkung am *„Kapital"* bestand zum geringsten Teil aus der Beantwortung dieser Fragen. General hatte großen Einfluss auf Inhalt und Gestaltung des „Kapitals".

Ganze Abschnitte des Buchs formulierte Marx um und/oder stellte sie auf Ratschläge des „Lektors" Engels hin anders zusammen.
Auf Bitten von Mohr trafen sie sich immer wieder, um problematische Passagen des „Kapital" zu erörtern. Die waren zu umfangreich, um das brieflich zu abklären zu können. Gegenseitige Besuche waren nicht selten. Engels fuhr nach London, Marx nach Manchester.

Die gelegentlichen *„New York Daily Tribune"*- Artikel und die Mitarbeit am *„Kapital"* erhöhten Engels erhebliches Tagespensum. Denn zur Überraschung seiner Familie und der Brüder Ermen erledigte alle ihm übertragenen Aufgaben gewissenhaft und gründlich. Während er seiner „Ausbildungszeiten" war er vieles oberflächlicher angegangen.

Doch bei Ermen & Engels hinter dem Schreibtisch sitzend, handelte General hundertprozentig wie ein Unternehmer. { Tatsache ist: Engels erlangte sein Vermögen durch kapitalistische Ausbeutung von Arbeiter*innen in Manchester. Erst der dabei erwirtschaftete finanzielle Grundstock ermöglichte sein Wirken für Sozialdemokratie und Marxismus. Sowie die Finanzierung von Mohrs Familie. }

1856 erkrankte General an Drüsenfieber. Seine Schwester Marie kam nach London, um ihn zu pflegen. 1860 starb sein Vater. Es musste neu über die Anteile der Familie Engels an der Firma in Manchester verhandelt werden.

Gerade zu dieser Zeit erkrankte General erneut. Sein Bruder Emil handelte für ihn aus, dass Engels Anteilseigner von Ermen & Engels blieb. [Dafür verlor er seinen Erbanspruch an den preußischen Firmenanteilen in Barmen und Engelskirchen.]

Marx
unterbrach mehrfach seine Arbeit am Projekt *„Kapital"* für andere Werke. Seine Gewohnheit, wichtige Dinge auch mal aus den Augen zu verlieren, gab Anlass zu Verstimmungen. { So trennte er sich 1874 von seinem Freund und Bewunderer **Louis Kugelmann**. Der hatte es gewagt, Mohr für sein Engagement in Sachen Internationale zu kritisieren. Es sei doch förderlicher, wenn Mohr endlich die Arbeit am *„Kapital"* zu Ende bringe. }

1852 verfasste Marx *"**Der achtzehnte Brumaire des Louis Bonaparte.**"* Eigentlicher Anlass des Buches war der Staatsstreich, mit dem Napoleon Bonapartes Neffe

Louis Bonaparte sich zum Kaiser Frankreichs machte. Marx konnte den neuen Kaiser Napoleon III. nicht ernst nehmen. Auch über Wahlrechte und Parlamente äußerte er sich abfällig.

Mohr beließ es nicht bei theoretischen Schriften. Er übernahm wichtige Aufgaben in sozialistischen Gruppierungen. 1864 wurde Karl Marx Generalsekretär der **1. Internationale** [Internationale Arbeiter Assoziation, IAA].

Vom Umherirren in theoretischen Ebenen

oder *„Das Kapital"*

"Marx als Denker ist auf dem richtigen Weg. Er stellte den Grundsatz auf, daß alle religiösen, politischen und juridischen Entwicklungen in der Geschichte nicht Ursachen, sondern Wirkung der ökonomischen Entwicklungen sind.

Dies ist ein (...) fruchtbarer Gedanke, (...) ihm gehört schließlich die Ehre, ihn fest begründet und seinem ganzen ökonomischen System zugrunde gelegt zu haben."
Michail Bakunin, 1872

Mohrs Anhänger setzten seit 1844 auf den großen Wurf: Allen bisherigen Entwürfen des Kapitalismus würde der systematische Theoretiker Karl Marx das Genick brechen. Die neue Sicht der Nationalökonomie brächte das bourgeoise Gesellschaftsgefüge zum Einsturz. Eine gerechtere und humanere Welt leuchtete am Horizont auf.

Diese Ansage Mohrs hielt eine kleine Schar von Anhängern [seltener Anhängerinnen] im Bannkreis von Engels und Marx. Die wesentlichen Teile der Theorie bündelten sich im *„Kapital"*.

Der Veröffentlichung des *"Kapitals "* im Jahre 1867 waren über 20 Jahre Forschung und Systematisierung vorausgegangen. Bereits am 1. Febr. 1845 hatte Marx mit einem Verlag in Darmstadt die Veröffentlichung einer *„Kritik der Politik und Nationalökonomie"* vereinbart. Der Vertrag wurde später aufgelöst.

Ein erster Anlauf zur Veröffentlichung der umwälzenden Theorie erfolgte 1859. In 1000 Exemplaren gedruckt, enttäuschte ***"Zur Kritik der politischen Ökonomie"***. selbst gutwillige Anhänger. Marx hatte beim Feilen am Text kein Ende gefunden. Das Endergebnis: Die *„Kritik"* enthielt nur die beiden ersten der geplanten drei Teile.

Aus heutiger Perspektive ist *"Zur Kritik der politischen Ökonomie"* nur als Zwischenschritt zum *„Kapital"* interessant. Doch das Vorwort erreichte als „Programm" des historischen Materialismus geradezu Kultstatus:

„In der gesellschaftlichen Produktion ihres Lebens gehen die Menschen (...) von ihrem Willen unabhängige Verhältnisse ein, Produktionsverhältnisse (...)

Die Gesammtheit dieser Produktionsverhältnisse bildet (...) die reale Basis, worauf sich ein juristischer und politischer Ueberbau erhebt (...) Die Produktionsweise des materiellen Lebens bedingt den socialen, politischen und geistigen Lebensproceß überhaupt.

Es ist nicht das Bewußtsein der Menschen, das ihr Sein, sondern umgekehrt ihr gesellschaftliches Sein, daß ihr Bewußtsein bestimmt. (...)"

Schließlich erschien acht Jahre danach als dritter Anlauf **„Das Kapital"**. Wichtigster Mitarbeiter beim Schreiben des *"Kapitals"* war [und blieb nach Mohrs Tod] Friedrich Engels. Ohne ihn wären der 2. Und der 3. Band von Marx´ Hauptwerk eine Ansammlung von Konzepten geblieben. Doch da General mit Mohr über fast jedes Detail des *„Kapital"* diskutiert hatte, konnte Engels die Notizen strukturiert veröffentlichen.

Bereits seit Beginn der Arbeiten an der vernichtenden Kritik der Nationalökonomie informierte Engels Marx über technische und kaufmännische Abläufe. Bevor *„Das Kapital"* in Druck ging, kritisierte General die Textfassungen als Lektor und schlug leserfreundliche Änderungen vor. Ergebnis dieses jahrelangen gemeinsamen Arbeitsprozesses war der Grundtext des wissenschaftlichen Sozialismus.

1866 geriet Engels geradezu in Euphorie. Endlich trug ihr jahrzehntelanges Forschen, Diskutieren und Formulieren Früchte. „Wenn die Sache in Druck geht, dann bekneip ich mich erst einmal". Die Planung sah vor, die drei Bände des *„Kapital"* innerhalb weniger Monate zu publizieren. Daraus wurden erneut Jahrzehnte [Band 1: 1867; - nach Mohrs Tod 1883: Band 2: 1885, Band 3: 1894].

Insgesamt fordert das Einlesen in *„Das Kapital"* heutigen Leser*innen Interesse und Konzentration ab. Engels und Marx bezogen sich auf ihre Epoche. Inzwischen änderten sich Terminologien und auch Schreibstile... Das schmälert keineswegs die Bedeutung dieses Werks.

Im *"Kapital"* wurde

1. die *materialistische Geschichtstheorie entfaltet*
{ Der Klassenkampf führt zum Aufstieg der Menschheit:

Jeweilige Produktionsmittel und -bedingungen bedingen soziale und politische Systeme; Sklavenhalter/Sklaven – Feudalherren/Hörige – Bourgeoisie/Proletariat [wobei das Bürgertum bedeutenden technischen Fortschritt bewirkte] }

Die ehrgeizige und wissenschaftlich löbliche Absicht, auch die aktuellen Entwicklungen des Kapitalismus zu berücksichtigen, überforderte letztlich Engels und Marx. Sie beide allein konnten nicht auf alle Aspekte eingehen [In Mohrs Keller fand man nach seinem Tod „an russischer Statistik allein über 2 Kubikmeter (!) Bücher", stöhnte General.]

2. die kapitalistische Zivilisation kritisiert

Dreh- und Angelpunkt der Kritik war die **Mehrwerttheorie**.

Im „*Kapital*" findet sich dieses Beispiel: Die Arbeiter*innen in einer Fabrik produzieren in sechs Stunden genug, um mit dem Tauschwert ihren Lebensunterhalt zu decken.

Da die Arbeiter*innen aber zwölf Stunden arbeiten, streicht der Kapitalist den Tauschwert der Produktion der anderen sechs Stunden als Gewinn ein. Während der Fabrikbesitzer den Mehrwert für sich behält, werden die Arbeiter*innen erstens ihrer eigenen Arbeit entfremdet und zweitens durch die geringe Bezahlung ihrer Menschlichkeit beraubt.

Die Unternehmer wiederum unterliegen dem Gesetz der Konkurrenz. Sie müssen Kapazitäten erweitern. Es kommt zu einer Ausweitung der materiellen Produktion. Unternehmen bleiben auf der Strecke. Die Gesellschaft polarisiert sich zunehmend in die Klassen des Proletariats und der Bourgeoisie.

Doch die Geschichte des Kapitalismus war noch nicht zu Ende. Plötzlich gab es Staatskartelle u.a., was neue Erklärungen erforderte.
Und die Entwicklungen sind bis heute nicht abgeschlossen. Krisen wie die der Investitions-banken von 2008 und des Euro von 2012 beruhen auf Strukturen außerhalb der Realität des 19. Jahrhunderts.

und 3. zu revolutionärem Handeln *aufgerufen*
Verbunden mit der *Voraussage,* dass der Kommunismus der letzte historische Abschnitt sein werde.

Einige Wissenschaftler interpretieren Mohrs zö-gerlichen Schreibprozess damit, dass er als akri-bischer Wissenschaftler die Entwicklung des Kapitalismus exakt beschreiben wollte. Würde der Kapitalismus bald zusammenbrechen? Der Zau-derer Marx sei selber unsicher gewesen, wie er bestimmte Entwicklungen bewerten sollte. Er wünschte zwar den Sieg des Proletariats.

Doch Mohr zögerte, schrieb nur von der Möglich-keit des „Umkippens". Es gibt eine berühmte durch General speziell ausgelegte Stelle im „*Kapital*". Marx hatte geschrieben, es könne zu einem Umklappen in der Entwicklung des Kapita-lismus kommen. Engels übersetzte, der Kapitalis-mus werde zusammenbrechen.

Einblicke in **„Das Kapital"**

Der erste Band des *„Kapital"* [Der Produktionsprozess des Kapitals", ca. 770 Seiten] hat sieben Abschnitte :

		Seitenzahl ca.
1.	Ware und Geld	115
2.	Die Verwandlung von Geld in Kapital	30
3.	Die Produktion des absoluten Mehrwerts	145
4.	Die Produktion des relativen Mehrwerts	200
5.	Die Produktion des absoluten und relativen Mehrwerts	20
6.	Der Arbeitslohn	30
7.	Der Akkumulationsprozess des Kapitals	230

In dieser Skizze wird nur auf das 23. Kapitel näher eingegangen: *"Das allgemeine Gesetz der kapitalistischen Akkumulation".*

{ Kapitel 23 ist Teil des siebten Abschnitts, der insgesamt fünf Kapitel umfasst (21. bis 25. Kapitel).
Das 23. Kapitel selber hat 110 Seiten und gliedert sich in fünf Teile.
Die ersten vier Teile sind zusammen 40 Seiten stark, 1/5 davon sind 118 Fußnoten [Nr. 70 bis Nr. 188b] }.

[Kap. 23, erster Absatz]

"Das allgemeine Gesetz der kapitalistischen Akkumulation

1. Wachsende Nachfrage nach Arbeitskraft mit der Akkumulation, bei gleichbleibender Zusammensetzung des Kapitals

---

Wir behandeln in diesem Kapitel den Einfluß, den das Wachstum des Kapitals auf das Geschick der Arbeiterklasse ausübt. Der wichtigste Faktor bei dieser Untersuchung ist die Zusammensetzung des Kapitals und die Veränderungen, die sie im Verlauf des Akkumulationsprozesses durchmacht.

Die Zusammensetzung des Kapitals ist in zweifachem Sinne zu fassen. Nach der Seite des Werts bestimmt sie sich durch das Verhältnis, worin es sich teilt in konstantes Kapital oder Wert der Produktionsmittel und variables Kapital oder Wert der Arbeitskraft, Gesamtsumme der Arbeitslöhne.

Nach der Seite des Stoffs, wie er im Produktionsprozeß fungiert, teil sich jedes Kapital in Produktionsmittel und lebendige Arbeitskraft; diese Zusammensetzung bestimmt sich durch das Verhältnis zwischen der Masse der angewandten Produktionsmittel einerseits und der zu ihrer Anwendung erforderlichen Arbeitsmenge andrerseits. Ich nenne die erstere die Wertzusammensetzung, die zweite die technische Zusammensetzung des Kapitals.
Zwischen beiden besteht enge Wechselbeziehung. Um diese auszudrücken, nenne ich die Wertzusammensetzung des Kapitals, insofern sie durch seinetechnische Zusammensetzung bestimmt wird und deren Aenderungen widerspiegelt, die organische Zusammensetzung des Kapitals. Wo von der Zusammensetzung des Kapitals kurzweg die Rede, ist stets seine organische Zusammensetzung zu verstehn."

Nun wird untersucht, wie sich die Situation der Arbeiterklasse verändert, wenn das Kapital immer weiter anwächst.

Teil 1
"Wachsende Nachfrage nach Arbeitskraft mit der Akkumulation, bei gleichbleibender Zusammensetzung des Kapitals"

erläutert erstens, dass Arbeitskräfte notwendig sind, um Reichtum zu erhalten und zu vermehren,
zweitens wird de Mandeville zitiert, der feststellt, dass "
(...) in einer freien Nation, wo Sklaven nicht erlaubt sind, der sicherste Reichtum aus einer Menge arbeitsamer Armen besteht."
Erklärt wird drittens, dass die Abhängigkeit bleibt, selbst wenn Arbeitskräfte sich bessere Kleidung, Nahrung und Wohnungen leisten könnten.

"Das Gesetz der kapitalistischen Produktion " sei *"in letzter Instanz nur das Verhältnis zwischen der unbezahlten und der bezahlten Arbeit derselben Arbeiterbevölkerung."*

In Teil 2
"Relative Abnahme des variablen Kapitalteils im Fortgang der Akkumulation und der sie begleitenden Konzentration"

wird erläutert, warum die Zentralisation des Kapitals zum Verlust von Arbeitsplätzen führt. Die Zusammensetzung der Kapitalwerte habe sich verändert. Um 1700 verteilte sich der angelegte Kapitalwert in Spinnereien zur Hälfte auf die Produktionsmittel und zur anderen Hälfte auf die Arbeiter*innen. Aktuell [= 1860er Jahre] verteilten sich 7/8 auf die Produktionsmittel und 1/8 auf die Arbeiter.

Es komme durch die Aktiengesellschaften zur Konzentration und schließlich zur Zentralisation des Kapitals. Dadurch mögliche Modernisierungen der Produktionsmittel bewirkten die *"Abnahme der Nachfrage nach Arbeit."*

In Teil 3
"Progressive Produktion
einer relativen Überbevölkerung oder industriellen Reservearmee"

wird erklärt, dass die kapitalistische Produktionsweise ein Zuviel an Bevölkerung benötigt. Den Bevölkerungsüberschuss produziert sie selbst: *"Die kapitalistische Akkumulation produziert (...) im Verhältnis zu ihrer Energie und ihrem Umfang beständig eine (...) für die mittleren Verwertungsbedürfnisse des Kapitals überschüssige (...) Arbeiterbevölkerung."*
Eine disponible industrielle Reservearmee wächst heran.

Diese steht erstens zur Verfügung, wenn neue Produktionszweige entwickelt werden oder sich neue Märkte öffnen; zweitens fängt sie Spitzen der zehnjährigen Wirtschaftszyklen auf. Die Armee der Arbeitslosen dient zum Austausch der ungeschickteren Arbeiter durch geschickte, der älteren durch jüngere, der männlichen durch weibliche.
Ironisch wird festgestellt, dass den Fabrikanten ein gemeinsames Vorgehen von beschäftigten und von

arbeitslosen Arbeitern nicht recht sei. Die Ökonomen sähen darin eine Verletzung des "ewigen" Gesetzes von Nachfrage und Zufuhr.

Im 4. Teil
"Vergleichende Existenzformen der relativen Überbevölkerung
Das allgemeine Gesetz der kapitalistischen Akkumulation"
werden drei Formen der Überbevölkerung unterschieden.

Fließende Überbevölkerung ist dann vorhanden, wenn Firmen in der einen Situation Leute entlassen und in der anderen Situation wieder einstellen, je nach den Erfordernissen des wirtschaftlichen Zyklus. Manchmal sind Arbeiter körperlich so ausgepowert, dass sie nicht mehr zur Verfügung stehen. { In diesem Zusammenhang: Die Lebenserwartung normaler Bürger*innen in Manchester betrug damals 38 Jahre, die der Arbeiter*innen 17 Jahre. }

Latente Überbevölkerung liegt auf dem Land vor. Ständig versuchen Teile der Landbevölkerung Arbeit in der Stadt zu finden.

Die dritte Kategorie, die *stockende Überbevölkerung*, betrifft diejenigen mit unregelmäßiger Beschäftigung.

Noch schlechter als den Arbeiter*innen geht es den Armen. { Arbeitsfähige, Waisen und Kinder aus armen Familien werden in Zeiten großen Aufschwungs in die aktive Arbeiterarmee übernommen. Keine Chancen haben *"Verkommene, Verlumpte, Arbeitsunfähige. Zu den letzteren gehören Invaliden."* }

142

Nach all diesen Ausführungen ergibt sich das absolute, allgemeine Gesetz der kapitalistischen Akkumulation:

"Die verhältnissmäßige Größe der industriellen Reservearmee wächst also mit den Potenzen des Reichtums. Je größer aber diese Reservearmee im Verhältnis zur aktiven Arbeiterarmee, desto massenhafter die konsolidierte Überbevölkerung, deren Elend in umgekehrtem Verhältnis zu ihrer Arbeitsqual steht."

Teil 5 ist die
"Illustration des allgemeinen Gesetzes der kapitalistischen Akkumulation"

und gliedert sich in die Teilstücke: Seitenzahlen ca.

a) England von 1846 - 1866	7
b) Die schlechtbezahlten Schichten der britischen industriellen Arbeiterklasse	10
c) Das Wandervolk	4
d) Wirkung von Krisen auf den bestbezahlten Teil der Arbeiterklasse	6
e) Das britische Ackerbauproletariat	28
f) Irland	13

Aufgezählt werden [meist anhand neutraler Quellen] die Folgen zu geringer Bezahlung, bezogen auf Ernährung, Gesundheit, Krankheiten, Wohnen, Hygiene, Kleidung, die Situation der Arbeiter*innen...

Irland [Illustration f] war ein Sonderfall: eine Million Iren mussten wählen zwischen Auswanderung oder dem Hungertod.

Die im „*Kapital*" verwendeten Quellen befanden sich auf der Höhe der Zeit. Das Buch erschien 1867, es wurden noch Zahlen aus dem Jahr 1866 angeführt.

-    -   -   -   -   -   -

„*Das Kapital*" fand anfangs nur schleppend Leser. Mohr verhielt sich angesichts dieser Misere passiv. Für ihn war es Sache der Leser*innen, dieses bedeutende Werk zu studieren und mit dem entsprechenden Verhalten zu reagieren.

General dagegen warb mit allen Kräften für das „*Kapital*". Er schrieb Freunde an und bat sie, sich für die Verbreitung des wichtigen Werkes einzusetzen. An Zeitungen schickte er komplette Rezensionstexte. Die konnten so übernommen werden. Dabei passte er die Kritiken den politischen und mentalen Ausrichtungen von Zeitungsredaktionen und Leser*innen an.

Den meisten Anklang fand das in Deutsch gedruckte *"Kapital"* in Russland. Also wurde es zuerst ins Russische übersetzt, erst später ins Französische (in Bänden 1872-75, als Buch: 1875) und Englische.

[Bis heute wurde „*Das Kapital*" in über 100 Sprachen übersetzt.] Die Bedeutung des *"Kapital"* wurde wie die des *Kommunistischen Manifests*" erst mit dem immer größer werdenden Einfluss von Sozialismus und Kommunismus gewürdigt.

Die Veröffentlichung der beiden Folgebände verzögerte sich. Mohr wollte letzte theoretische Lücken schließen. Er studierte neueste Bücher und Texte, ergänzte Aussagen des „*Kapital*" um die gewonnen Erkenntnisse und blieb bei einigen Punkten und Aussagen unsicher. So fand das gründliche Forschen kein Ende und die Bände 2 und 3 des *"Kapital"* bis zu Karl Marx´ Tod keinen Abschluss.

Parallel dazu erfolgte die Überarbeitung der Neuauflagen von Band 1 des *„Kapital"*. Gestritten wird darüber, ob diese zu einer Vervollkommnung der Engels-/Marxschen Gedanken führten oder zu einer Popularisierung.

Der „dialektische Materialismus"

Karl Marx zuliebe gab Friedrich Engels sein größtes eigenes Projekt auf: *„ "Die Dialektik der Natur"*. Das nie abgeschlossene Werk wurde erst postum 1928 veröffentlicht. Es gilt als Grundlage des **Dialektischen Materialismus.**

{ Diesen Begriff „prägte Georgij Plechanow 1891. Engels sprach von der „Dialektik der Natur". Parallel dazu sprach Marx immer von seiner *„dialektischen Methode"* und nie vom ***„historischen Materialismus"***. }

Zu diesem Projekt wurde General in Manchester angeregt. Dort informierte sich der umtriebige Friedrich Engels trotz aller Belastungen ständig über die neue naturwissenschaftliche Erkenntnisse. Schließlich war Manchester im 19. Jahrhundert ein Hotspot der Wissenschaften. Eine Reihe von Wissenschaftlern hielt Vorträge vor Wissbegierigen, zu denen auch Friedrich Engels gehörte. Da Engels sich zeitgleich in Hegels Naturphilosophie einlas, stellte er sich die Frage, ob die neuen naturwissenschaftlichen Erkenntnisse nicht mit dem dialektischen System verbunden werden können.

Engels gelangte zur Überzeugung, dass nicht nur Ökonomie und Gesellschaft sich dialektisch entwickeln, sondern die gesamte Natur. Er erarbeitete das Konzept des dialektischen Materialismus, der sich auf Natur und Naturwissenschaft bezieht.

Danach entfaltet sich die Natur nach ihr innewohnenden dialektischen Gesetzen. In diesem „natürlichen" Umfeld erfolge das Handeln der Menschen, das wiederum vom historischen Materialismus analysiert wurde.

Engels entwickelte *drei* **Gesetze zur Dialektik der Natur:**

> Das 1. Umschlagen von Quantität in Qualität,
> die 2. Durchdringung der Gegensätze
> und die 3. Negation der Negation.

Ein Beispiel für den *Umschlag der Quantität in Qualität* ist die Erhitzung von Wasser. Eine bestimmte Menge von flüssigem Wasser hat eine Quantität von 95°C. Die Quantität wird um 1° C erhöht, dann immer weiter um je 1° C, bis es die Quantität von 100° C erreicht. Damit ändert sich seine Qualität. Es ist nicht mehr flüssig, sondern wird gasförmig. Die Prozesse sind in beiden Richtungen möglich. Mehr oder weniger Quantität wird die Qualität eines Stoffes ändern.

Das zweite Gesetz behandelt *die Einheit der Widersprüche.*

Ein Magnet hat zwei gegensätzliche Pole. Um seine Wirkung zu erzielen, benötigt er beide, den Nordpol und den Südpol.

Das Dritte Gesetz ist *die Negation der Negation*. Innere "Widersprüche" führen zur Entwicklung eines anderen Systems. Die Geologie befasst sich mit negierten Negationen, wenn sie Abfolgen alter und neuer Gesteinsformationen untersucht.

Die drei Gesetze ermöglichen anregende Überlegungen. Beispiel Anthropologie: Der Mensch entwickelte sich nicht durch seine Denkfähigkeit, sondern auf einer materiellen Basis, die er selbst ständig weiterentwickelte: z.b. durch Anwendung und Anpassung von Sprache und den immer perfekter werdenden aufrechten Gang.
Letztlich schuf [und schafft] der Mensch sich selbst durch seine Arbeit [in ihren vielfältigen Formen].

Unbeabsichtigt bewirkten Engels´ Ideen einengende ideologische Folgen: Im 20. Jahrhundert galt der dialektische Materialismus für Naturwissenschaftler*innen in marxistischen Staaten als ein unumstößliches Gesetz. Parteiführungen schränkten Möglichkeiten von Theorie und Forschung erheblich ein.

Katastrophal wirkte sich Engels´ Einstellung zur Mathematik für die Wissenschaft in den orthodox-sozialistischen Staaten aus. Engels hielt es für Unfug, theoretische Mathematik zu betreiben. Mathematik habe reale Phänomene widerzuspiegeln. Alles andere führe nur zu abstrusen Gedanken.

Natürlich begeisterte sich Engels für **Charles Darwins** Werk *"Über den Ursprung der Arten"*, das 1859 veröffentlich wurde: Die Natur entwickelte sich phasenweise, kein Gott schuf Pferde oder Menschen.
Den bald entstehenden Sozialdarwinismus dagegen lehnte Engels ab. Nach seiner Überzeugung endeten Machtkämpfe unter Menschen mit der Dominanz einer ganzen Klasse und nicht mit dem individuellen Überleben des Stärksten.

Später verkündeten Engels´ und Marx´ Anhänger, Darwin habe der Welt ein neues naturwissenschaftliches Verständnis gegeben, Engels und Marx hätten ihr historisches Bewusstsein verändert. Dieser Erkenntnis folge bald die Revolution. *„Wie die Philosophie im Proletariat ihre materiellen (Waffen findet), so findet das Proletariat in der Philosophie seine geistigen Waffen [...] (Sobald) der Blitz des Gedankens gründlich in diesen [...] Volksboden eingeschlagen ist, wird sich die Emancipation der Deutschen zu Menschen vollziehn. [...] Der Kopf dieser Emancipation ist die Philosophie, ihr Herz das Proletariat."*

"Die Internationale erkämpft des Menschen Recht..." Text 1871: Eugéne Pottier, Melodie 1888: Pierre Degeyter

Der in Manchester lebende Friedrich Engels sah sie kritisch. Verbände sozialistischer Parteien seien nicht effektiv. Er werde in Manchester dafür keine Zeit verschwenden. General stand der **1. Internationale** anfangs ablehnend gegenüber. Seiner Meinung nach zerstritten sich erstens die linken Gruppen bei Versuchen zur Zusammenarbeit erfahrungsgemäß viel zu oft.

Zweitens sollte Marx sich das Schreiben des *"Kapital"* konzentrieren. Marx´ Anhänger in London dagegen erwarteten mehr als ein alleiniges Engagement für das *"Das Kapital"* von ihm.

Tatsächlich forderte die Leitung der *1. Internationale*

Mohr einen Großteil seiner Energie ab. Denn die IAA wuchs immens. Als Engels [der von Manchester nach London umgezogen war] 1870 schließlich doch in die Arbeit des Generalrats einstieg, hatten die in ihr zusammengeschlossenen Verbände die beachtenswerte Zahl von 800.000 Mitgliedern.

Der in London lebende Karl Marx gehörte zum Generalrat der Ersten Internationale und galt als ihr führender Kopf. Zur Gründung der **1. Internationale** [Internationale Arbeiter-Assoziation, IAA] kam es 1864 in London. Dort versammelte sich eine Reihe englischer und französischer Arbeiterführer [Proudhonisten, Gewerkschafter, Blanquisten, Sozialisten, Marxisten], um einen Dachverband zu gründen.

Mohr kam über einen Umweg dazu. **Friedrich Leßner** erinnerte sich später: *"Die englischen Arbeiter luden auch Mitglieder des ´Kommunistischen Arbeiterbildungsvereins zu dieser Versammlung ein und sprachen gleichzeitig den Wunsch aus, wir sollten uns bei Karl Marx verwenden, damit auch er dieser internationalen Verbrüderung beiwohne."*

Gegen Ende der Versammlung wurde ein provisorischer Zentralrat [später: Generalrat] gewählt. Marx gehörte dazu und erhielt den Auftrag, eine Inauguraladresse und provisorische Statuten zu verfassen.

Mohrs Mitwirken im Generalrat gab den Beschlüssen eine gewichtigere Basis. *"Überhaupt war Marx bemüht, alle größeren politischen Fragen in das Bereich unserer Diskussionen zu ziehen und die Arbeiter zu befähigen, in die Mysterien der internationalen Staatkunst einzudringen und die diplomatischen Streiche der Regierungen zu überwachen"*, schrieb Leßner.

Wie Engels es vorausgesehen hatte, war die Zeit frucht-barer Zusammenarbeit unterschiedlichster sozialistischer Organisationen sehr kurz. Die 1864 gegründete **1. Inter-nationale** spaltete sich acht Jahre nach ihrer Gründung [1872] und wurde vier Jahre später [1876] aufgelöst.

{ **2. Internationale***:* Gründung 1889 – 1914 / Neu-gründung durch reformistische Sozialisten 1919 - ab 1923: Sozialistische Arbeiter Internationale - bis 1940

3. Internationale (Komintern) Gründung 1919 als Zu-sammenfassung aller kommunistischen Parteien bis 1943 }

Um 1870 tobte in der IAA eine Auseinandersetzung zwi-schen Anarchisten und Kommunisten. Sie führte zur Spal-tung und schließlich zur Auflösung der 1. Internationale.

Die Anhänger der konträren Ansätze von Michail Bakunin einerseits und Engels/Marx andererseits fanden keine gemeinsame Basis. Engels, Marx und ihre Gruppe wollten eine straffe Organisation der Bewegung und traten des-wegen für die Bildung von organisatorisch festgefügten Ar-beiterparteien ein.

Dagegen vertraten die Anarchisten unter Führung von Michail Bakunin die direkte Aktion als Prinzip der sozialen Revolution und waren gegen starre Formen der Orga-nisation. Schließlich gerate Macht durch in Satzungen gegossene Strukturen unweigerlich in die Hände einzelner Sachwalter. Derartige Formate lehnten die Anarchisten ab.

Michal Bakunin, der bekannteste Vordenker des Anarchis-mus, gehörte zum russischen Adel, war ein intellektuelles Schwergewicht, charismatisch und besaß Organisationstalent. Auf seine Fahnen hatte er grundsätzliche Freiheiten für das Individuum, die Gemeinwesen und die menschliche Gattung geschrieben.

Marxismus führte für ihn zu einem autoritären Staat, der so diktatorisch und erdrückend sein würde wie die bestehenden bourgeoisen Ungerechtigkeiten: *"Ich bin kein Kommunist, weil der Kommunismus alle Kräfte der Gesellschaft auf den Staat lenkt und in diesem absorbiert; weil er notwendig zur Zentralisierung des Eigentums in den Händen des Staates führt, während ich die Abschaffung des Staates will (...)".*

Bakunin beabsichtigte die Bildung kleiner autonomer Kommunen, die locker verbunden eine Gesellschaft bilden sollten. Die für Engels und Marx so entscheidenden Analysen sozioökonomischer Bedingungen interessierten ihn nicht.

Der Russe Bakunin mischte in seinen Dissens mit Marx nationale Ressentiments: *"Als Slawe wollte ich die Befreiung der slawischen Rasse vom Joch der Deutschen durch die Revolution (...) und durch die Reorganisation der Völker von unten nach oben durch ihre eigene Freiheit, auf der Basis völliger ökonomischer und sozialer Gleichheit (...) Meine Ideen (...) mußten Marx mißfallen, (...) weil er als deutscher Patriot damals (...) nicht das Recht des Slawen, sich vom deutschen Joch zu befreien, zugab (...)"* [Bakunin beschimpfte Max auch als einen „Juden".]

Im 19. Jahrhundert trugen die Vertreter der sozialistischen Bewegung neben ihren internationalen Hosen meist auch nationale Hemden. Z.B. wurde Marx von französischen Sozialisten des Pangermanismus beschuldigt. Denn Marx vertrat die Meinung, nachdem die Commune in Paris 1871 vernichtet worden sei, ginge die Führung der sozialistischen Bewegung an die deutschen Arbeiter über.

Bei der entscheidenden Auseinandersetzung über die Ausrichtung der 1. Internationale 1872 nutzten General und Mohr die Stimmenmehrheit ihrer Anhänger im Generalrat voll aus. Außerdem griffen sie zu unerlaubten Verfahrenstricks.

James Guilaume, ein zum Haager Kongress 1872 delegierter Schweizer berichtete, wie Engels und Marx versuchten, ihm das Stimmrecht zu nehmen. Auf der offiziellen Liste des Haager Kongresses tauchten sein Genosse Schwitzguébel und er, beide von der Jura-Föderation entsandt, als Delegierte des Kongresses von Neuchatel auf, den es gar nicht gab.

Guillaume berichtete später empört: *"Ich erhob dagegen sogleich Einspruch. (...) Man erwiderte mir, daß das Versehen, bei dem es sich nicht um Absicht handle, berichtigt werden würde. (...) Ich wandte mich an Engels, erinnerte ihn an die Berichtigung, die nötig war (...)."*

Am nächsten Tag war keine Korrektur der Liste erfolgt. Engels und Marx versprachen erneut die Berichtigung. Doch auch in der letzten Liste wurden Guillaume und Schwitzguébel als Delegierte von Neuchatel aufgeführt. *"Dahinter steckte offenbar Absicht. (...)"*

Sergej Podolinskij fasste das Ergebnis des Haager Kongresses 1872 so zusammen:
*"Gestern fiel die Entscheidung (...) natürlich zugunsten des Generalrats. (...) Faktisch bedeutet das den Sieg der Zentralisten [=Engels, Marx],
aber moralisch ist der wirkliche Sieg den Anarchisten zu-*

gefallen, erstens, weil der Sieg der Zentralisten bei wei-
tem nicht so vollständig war, wie sie gehofft hatten, denn
die Neutralen, die Belgier und die Holländer, verbanden
sich mit den Anarchisten, und zweitens, weil Marx, Engels
und Co. durch ihr unschönes Verhalten die öffentliche
Meinung sowohl des Kongresses wie die des Publikums
gegen sich aufbrachten (...)".

Die Gruppe um Engels und Marx beschloss die Verlegung des Generalrats nach New York, schließlich erfolgte 1876 die formelle Auflösung der 1. Internationale.

Die Auseinandersetzungen auf dem Haager Kongress sind ein weiteres Beispiel für die Zerstrittenheit radikaler sozialistischer Flügel. Die unterschiedlichen Vorstellungen über Wege und Ziele provozier(t)en innerhalb der Bewegung häufiger lähmende Kämpfe bis hin zur Selbst-zerfleischung.

Endlich prominent und gehasst

Durch ihre Positionen im Generalrat der Internationalen Arbeiter-Assoziation erlangten Engels und Marx einen ge-wissen Grad an Bekanntheit. Dennoch gehörten sie in London weder zu den A- noch zu den B-Promis.

Das änderte sich für Mohr schlagartig, nachdem 1871 sein

kleines Buch **_"Der Bürgerkrieg in Frankreich"_** veröffentlicht worden war. In nur zwei Monaten wurden drei Auflagen gedruckt.

Danach verbreitete der Name Karl Marx in bürgerlichen Kreisen Furcht und Schrecken. Denn Marx setzte sich in seinem 40 Seiten langen und in kommunistischer Wolle gefärbten Bericht _"Der Bürgerkrieg in Frankreich"_ für die von Konservativen gehasste Pariser Commune ein.

- - - - - - -

Anmerkung: _Die Commune in Paris_

Sie war ein Experiment, das in blutigen Kämpfen endete. Denn keine der beiden Seiten war zu Verhandlungen bereit, jede sah sich absolut im Recht.

Die Stadt Paris löste sich von Frankreich, wurde eine eigenständige Republik; für ganze zehn Wochen, vom 18. März bis zum 28. Mai 1871. In diesen wenigen Wochen brachte die Commune von Paris eine eigene Verfassung zustande, beschloss eine Reihe von Gesetzen und wählte eine eigene Regierung.

In bürgerlichen Kreisen blieb die _Pariser Commune_ bis heute als radikal in Erinnerung. Als 2019 die Kirche Notre Dame in Paris abbrannte, wurde daran erinnert, dass sie Schreckliches überstanden hatte, so den Zweiten Weltkrieg und auch die _Pariser Commune_.

Der Untergang der _Commune_ verband sich mit blutigen Kämpfen und einer Reihe von Gräueltaten auf beiden Seiten. Dabei ließ die französische Nationalregierung deutlich mehr Blut fließen.

Wie kam es zur Bildung der Commune in Paris? Die Ereignisse waren komplex: 1870 hatte Frankreich den Krieg gegen Deutschland verloren und musste sich eine neue Regierung geben. In dieser Phase der Umstrukturierung und Unsicherheit spielten sich in der Hauptstadt Paris andere politische Entwicklungen ab als im Rest des Landes:

Viele republikanisch eingestellte Bürger*Innen in Paris hatten sich nie für Napoleon III. begeistern können. Jetzt mussten sie befürchteten, dass in kürzester Zeit ein nächster Monarch das Land regieren würde. Das "progressive" Paris akzeptierte die von den Franzosen gewählte "konservative" Regierung nicht.

Die Situation eskalierte, als das französische Militär im Auftrag der neuen Regierung Kanonen aus der Stadt abtransportieren sollte. Diese Kanonen jedoch waren Eigentum der Stadt Paris. Nationalgardisten der Stadt, Frauen und Kinder verhinderten das Entfernen der Kanonen.

Rasch verließen Beamte und Soldaten der französischen Regierung Paris. Die Bürger der Stadt wählten einen Rat, um mit der französischen Regierung zu verhandeln. Im Rat wurden unterschiedlichste Vorstellungen vertreten: den radikalen Jakobinern und Blanquisten standen gemäßigte Föderalisten, demokratische Sozialisten und Proudhonisten gegenüber.

Das gewählte Conseil de la Commune beschloss Maßnahmen zugunsten der einfachen Bevölkerung. Am 19. April versuchte die Commune in der *"Erklärung an das französische Volk"* ihr Modell zu propagieren.

Die Franzosen in den Departments lehnten die Ideen aus Paris in den meisten Fällen ab. Der Konflikt zwischen dem Land und seiner Hauptstadt wurde mit Gewalt gelöst, die *Commune* besiegt.

-    -   -   -   -   -   -

Die in London lebenden Engels und Marx begeisterten sich über das Entstehen der *Commune*. Trotz ihres Scheiterns war sie ein revolutionäres Modell. Hier hatten Menschen Geschichte geschrieben, von sich aus gehandelt und fortschrittliche Entwicklungen bewirken wollen.

Tatsächlich verdankte die *Commune* ihre Existenz der Initiative politisch aktiver Einwohner*innen von Paris. Es gab keine Trennung von Staat und bürgerlicher Gesellschaft: Eine demokratisch gewählte und funktionierende Körperschaft ersetzte das Parlament. Die Armee war aufgelöst und es gab eine allgemeine Volksbewaffnung.

Mohrs *"Der Bürgerkrieg in Frankreich"* fand viele Leser*innen. Bei seiner Darstellung unterschlug Marx allerdings, dass außer Arbeiter*Innen auch Handwerker und Angestellte zur *Commune* gehörten. Zudem bagatellisierte er die von Mitgliedern der *Commune* verübten Gräuel. Die seien von der Gegenseite provoziert worden.

Gewichtige und meist negative Folgen hatte Marx´ Behauptung, dass die 1. Internationale entscheidenden Einfluss auf die *Commune* hatte, was nicht den Tatsachen entsprach.

In Frankreich stellten einige Zeitungen den plötzlich prominenten Karl Marx als eine Marionette **Bismarcks** dar: Der deutsche Reichskanzler habe Frankreich über Marx und die *Commune* Schaden zufügen wollen.

Sogar Generals Mutter Elise machte Mohr für die *Pariser Commune* verantwortlich. Marx habe ihren Sohn in diese furchtbare Sache hineingezogen. Engels kommentierte das so: *"(...) ich erinnere mich aber freilich auch, dass früher Marx´ Verwandte behaupteten, ich hätte ihn verdorben."*

Marx´ Übertreibungen zum Einfluss der 1. Internationale

auf die *Commune* führte in einer Reihe von Ländern zur Verfolgung von Organisationen und Personen, die zur Internationale gerechnet wurden.
Denn das Buch ließ in Regierungs- und konservativen Kreisen die Befürchtung entstehen, die im Verborgenen operierende 1. Internationale steuere die Arbeiterbewegungen in aller Welt.

Der *„Anti-Dühring"*   London, 1878

und *"Die Entwicklung des Sozialismus von der*

Utopie zur Wissenschaft"   1880

Mitte der 1870er Jahre gewann in der deutschen Sozialdemokratie ein neuer charismatischer Kopf viele Anhänger: Der blinde Philosoph **Eugen Dühring** vertrat ein einfach zu verstehendes Programm. Die Arbeiterklasse benötige möglichst bald spürbare materielle Verbesserungen.

Die seien durch Streiks zu erreichen, kollektive Aktionen, nötigenfalls auch Gewalt. Endziel seien autonome Kommunen von Werktätigen. Engels´ und Marx´ Lehre hielt Dühring für nicht realisierbar und griff die beiden auch persönlich an. Engels gehöre doch selber zu den Ausbeutern und Marx sei eine "wissenschaftliche Jammergestalt".
Liebknecht drängte General, auf diese Angriffe zu reagieren. Engels´ und Marx´ Anhänger benötigten ein Ge-

gengewicht zu Dührings populären Veröffentlichungen. Engels stellte sich der Aufgabe, die kommunistisch-marxistische Weltanschauung für deutsche Leser verständlich und überzeugend darzustellen.

Seine Texte erschienen erst im *„Vorwärts"*, anschließend wurden sie als Buch unter dem Titel ***"Herrn Eugen Dührings Umwälzung der Wissenschaft"*** veröffentlicht. Marx beteiligte sich am ***"Anti-Dühring"*** mit einem Kapitel über Ökonomie.
Engels betonte, dass Marxismus eine Wissenschaft sei.
Er greife auf Hegel und die Dialektik zurück. Doch Hegels Dialektik sei dem Idealismus verhaftet gewesen. Marx habe idealistische Spekulationen durch Nachdenken über materielle Fakten ersetzt und dadurch die Philosophie vom Kopf auf die Füße gestellt. Mit der dialektischen Methode ließen sich Geschichte und Naturwissenschaften erklären.

Engels analysierte den Kapitalismus mit Hilfe der drei von ihm aufgestellten Gesetze. Der Umschlag von Quantität in Qualität erfolge, wenn mehr oder weniger Lohn gezahlt wird, mehr oder weniger Unterdrückung erfolgt.

Gemäß dem Gesetz der Einheit der Widersprüche waren Bourgeoisie und Proletariat sich aufeinander beziehende Teile der bürgerlichen Gesellschaft. Mit der Negation der Negation versuchte Engels nachzuweisen, dass der Mensch sich durch seine Arbeit weiterentwickelt hatte. Nachdem er von den Bäumen gestiegen war und sich auf die Füße gestellt hatte, waren seine Hände frei, um Werkzeuge zu entwickeln und zu nutzen. Um größere Aufgaben zu meistern, bildeten die Werkzeugnutzer Gemeinschaften und sie benötigen Sprache, um Verabredungen treffen zu können.

Der *"Anti-Dühring"* erreichte jene hohen Auflagenzahlen, die dem "Kapital" vorerst versagt blieben. Einer der führenden Köpfe des Kommunismus nach Marx´ und Engels´ Tod, **Karl Kautsky**, verglich beide Werke. Es gebe *"kein Buch, das für das Verständnis des Marxismus so viel geleistet"* habe *"wie der "Anti-Dühring".(...) "Wohl ist das Marxsche "Kapital" gewaltiger. Aber erst durch den "Anti-Dühring" haben wir das "Kapital" richtig lesen und verstehen gelernt."*

1880 verfasste Engels eine auf Teilen des *"Anti-Dühring"* beruhende Einführung in den wissenschaftlichen Sozialismus für Frankreich, ***"Die Entwicklung des Sozialismus von der Utopie zur Wissenschaft."***

Auch mit diesem Werk griff Engels aktiv in einen Streit ein: In Frankreich war die kommunistische Fraktion zerstritten. Außer den auf Engels´ und Marx´ Linie liegenden Kollektivisten gab es die Possibilisten. Die waren für Reformen statt Revolution und einen Sozialismus, der von den lokalen Gemeinden gestaltet wird.
Engels argumentierte in seinem Buch sehr geschickt, indem er positive Leistungen der von ihm anschließend angegriffenen Gegner benannte. **Saint-Simon** habe richtig erkannt, dass ökonomische Realitäten sich auf politische Institutionen eines Landes auswirken. **Charles Fourier** hatte Recht, wenn er kritisierte, wie die bürgerliche Gesellschaft mit der Sexualität umgeht und **Robert Owen** müsse für seine Art der Führung von Fabriken gelobt werden.

Doch letztlich sei der Sozialismus dieser drei Denker Utopie geblieben. Der Sozialismus müsse als Wissenschaft auf die Füße gestellt werden. Marx lieferte dazu die Mehrwerttheorie und die Analyse der Klassenkämpfe. In Zukunft werden nach heftigen Krisen quantitative Veränderungen die Gesellschaft in eine neue Qualität umschlagen lassen. *"Das Eingreifen einer Staatsgewalt in gesellschaftliche Verhältnisse wird auf einem Gebiete nach dem anderen überflüssig und schläft dann von selbst ein. [...] Der Staat wird nicht 'abgeschafft', er stirbt ab."*

Kein Schlusspunkt beim *"Kapital"*

Ein Spitzelbericht der französischen Polizei [in London] vom Okt. 1877 über Karl Marx:
„Man ist hier der Auffassung, daß er nicht mehr auf der Höhe der Zeit steht und zum Autokraten wird; sein Prestige läßt stark nach."

Warum erfolgte keine zügige Bearbeitung der Folgebände durch Marx? Eine Reihe von Biografen deutet es so, dass er sich des Scheiterns seines Theorie-Gebäudes bewusst war. Engels und Marx seien gar nicht in der Lage gewesen, den endgültigen Zusammenbruch des Kapitalismus nachzuweisen.

Kritischer ist der Vorwurf, den beiden sei bewusst gewesen, dass der ökonomischen Lehre des *„Kapital"* die entscheidende Überzeugungskraft fehlte. Letztlich hätten sie sogar an politischen und sozialen Gestaltungsmöglichkeiten des Kommunismus gezweifelt.

Tatsächlich dachte besonders Karl Marx mit der ihm

eigenen Akribie über die ökonomischen Probleme nach, die er in den Folgebänden erläutern wollte. Von seinem Anspruch her konnte er sich nicht mit dem Aufstellen halbwegs einleuchtender Thesen begnügen. Fakten mussten deren Stimmigkeit belegen. Wie also erfolgte exakt die Umformung feudaler oder genossenschaftlicher Landwirtschaft in das System des Kapitalismus? Stand die Entwicklung des Kapitalismus in Europa tatsächlich paradigmatisch für die ganze Welt? Entsprach das *"Gesetz um den tendenziellen Fall der Profitrate"* den Tatsachen?

Eifrig sammelten und ordneten Engels und Marx Informationen. Die Weltwirtschaft beschleunigte sich rasant, sie veränderte sich in Westeuropa, Russland, den USA, der ganzen Welt... Die Begründer des wissenschaftlichen Sozialismus befassten sich mit einer immer größeren Informationsflut. Die konnten sie letztlich nicht mehr bewältigen, denn die „Entwicklung" des „Kapitalismus" war längst noch nicht abgeschlossen. [Das gilt bis heute...]

Eine ganze Reihe von Umständen verhinderte, dass Mohr sich in seinen letzten Lebensjahren nicht allein auf das *Kapital* konzentrieren konnte. Außer den Recherchen für das *"Kapital"* forderten ihn vier weitere Problemfelder. Jedes für sich allein war eigentlich groß genug, um die gesamten Energien einer Personen abzuschöpfen.

Das erste Problemfeld waren die **Ehen** seiner beiden älteren **Töchter** und der Ehewunsch seiner jüngsten Tochter. Zweitens war er in die Organisation der **1. Internationale** und der deutschen Sozialdemokratie involviert. Drittens gehörten **Krankheiten** zu Karl Marx´ Alltag. Viertens wurde über **Voraussetzungen des zukünftigen Klassenkampfs** [besonders in Russland] gestritten.

Mohrs Probleme seien grob umrissen:

Der Familienvater Karl Marx war über die **Ehemänner** seiner beiden älteren **Töchter** nicht begeistert. 1882 verdammte er beide gleichzeitig: *"Longuet als letzter Proudhonist und Lafargue als letzter Bakuninenist! Der Teufel soll sie holen!"*

Im Fall ihrer dritten Tocher Eleanor verhinderten Jenny und Karl Marx aktiv deren Heiratspläne. Eleanor Marx [Spitzname *Tussy*] entwickelte aufgrund dieses Konflikts ein negatives Verhältnis zu ihrer Mutter; im Gegensatz dazu blieb sie bis zu ihrem Tod eine unkritische Bewunderin ihres Vaters.

Zweitens ging es um die **Ausrichtung** der **sozialistischen Bewegungen**. Engels und Marx richteten ihr besonderes Augenmerk auf die Entwicklungen in Deutschland. Sie betrachteten die Fortschritte dort mit Anteilnahme und Stolz. Übertreibend berichtete ein Spitzel im Oktober 1878 über Karl Marx: *"Er empfängt viele deutsche Besucher und ist, seit dem Tode Lassalles der unumstrittene Führer der deutschen Revolutionäre."*

Die Behauptung, Marx sei Chef der deutschen Sozialdemokratie, war 1878 unangebracht. 1875 hatten Engels und Marx erleben müssen, wie August Bebel und Wilhelm Liebknecht bei Gründung der Sozialistischen Arbeiterpartei (SAP) wesentliche kommunistische Standpunkte aufgegeben hatten [Gothaer Programm]. Das änderte sich erst 1891 wieder mit dem Erfurter Progamm der 1890 gegründeten SPD. Friedrich Engels freute sich über deren marxistische Ausrichtung.

Drittens belasteten **gesundheitliche Probleme** Marx massiv. Er wuchs in einer Familie mit erblich bedingter Disposition zu Tuberkulose- und Atemwegserkrankungen auf. Dass Mohr überhaupt das Erwachsenenalter erreichte, wird mit seiner enormen Willenskraft begründet.

Unregelmäßige Tagesabläufe strapazierten den Körper des Erwachsenen. Mit 31 Jahren litt Marx unter Leber- und Gallenbeschwerden. Schließlich entwickelte sich das Leberleiden chronisch. Folgen und Symptome waren Kopf-und Nervenschmerzen, Mohr litt auch unter rheumatischen Beschwerden.

Zusätzlich waren Marx´ Essgewohnheiten der Gesundheit abträglich: Er mochte kräftig Gewürztes, geräucherten Fisch, Kaviar, Essiggurken und griff bevorzugt zu alkoholischen Getränken: Moselwein, Bier, Liköre.
Um das teure Geld für den Arzt zu sparen, stellte Familie Marx die Liste der notwendigen Medikamente häufig auch selbst zusammen.
Ab 1860 schlich sich eine beängstigende Sorge bei Familie Marx ein: Ärzte stellten bei Karl Marx eine Leberverlängerung fest. Das gleiche Leiden war Ausgangspunkt für die tödliche Krankheit von Marx´ Vater.

Jenny Marx erinnerte sich 1880 an diese Zeit."(...) Übergroße Angst, Sorge und Quälereien aller Art warfen ihn aufs Krankenlager. Zum ersten Male war sein chronisches Leberleiden in ein akutes umgewandelt."
1863 führte sein Leberleiden zu Karbunkeln. { Dabei verschmelzen Furunkel [= bis zu walnussgroße knotenförmige Entzündungen der Unterhaut] zu sehr schmerzhaften Entzündungsherden. } Marx schaffte sich Erleichterung durch mehr Rauchen und die dreifache Pillendosis.

Auch Marx´ Ehefrau Jenny litt unter chronisch schlechten Gesundheitszuständen. Oft hatte sie Bronchitis, 1852 musste sie wegen körperlicher Schwäche behandelt werden. 1860 bekam sie Pocken, obwohl sie geimpft worden war. Häufig zeigte sie nervöse Erregbarkeit [wahrscheinlich Depressionen], auffällig waren häufige Stimmungswechsel.

Die vierte Belastung waren die **Diskussionen** um den konkreten Ablauf der Revolution. Ein Großteil der "Proletarier" in den westeuropäischen Ländern wollte keinen Klassenkampf. In vielen Staaten gewannen politisch gemäßigte Arbeiterbewegungen an Zugkraft. Die akzeptierten die jeweiligen Verfassungen.
Als Konsequenz stellte ein Teil der russischen revolutionären Kreise die Frage, ob die **kommunistische Revolution** nicht in ihrem Lande beginnen könne. **Russland** verfügte aber nur über wenig Industrie, es war von Agrarwirtschaft geprägt.

Doch gerade die dörfliche Mir-Gemeinschaft praktiziere bereits Sozialismus, argumentierten russische Revolutionäre. Um ihre Frage beantworten zu können, vertiefte sich Marx mit gewohnter Gründlichkeit in Forschungsergebnisse von Ethnologen und auch Philologen. **Lewis Henry Morgan**, **John Ferguson McLennans** und andere behaupteten, "Institutionen" und "Einstellungen" der Urgemeinschaft(en) hätten sich im Laufe der historischen Entwicklungen als sehr lebensfähig erwiesen und einen [wichtigen] Gegenpol zum sich verstärkenden Prozess der Entfremdung gebildet.

Für die Frage der Entwicklung in Russland setzte Marx auf **Nikolai Tschernyschewski**. Der schrieb, die russischen Bauern könnten [ohne Zwischenstadium des Kapitalismus], direkt von einer niedrigen in eine höhere Gesellschaftsstufe gelangen. Voraussetzung sei der Einfluss fortgeschrittener Nationen [z.B. der Franzosen].

Marx begrüßte also Revolutionspläne für das landwirtschaftlich geprägte Russland: *"Theoretisch gesprochen kann (...) die russische Dorfgemeinde (...) der unmittelbare Ausgangspunkt des ökonomischen Systems werden, zu dem die moderne Gesellschaft tendiert, und ein neues Leben anfangen (...) sie kann sich die positiven Errungenschaften, mit denen die kapitalistische Produktion die Menschheit bereichert hat, aneignen, ohne durch das kapitalistische Regime gehen zu müssen, (...)"*

Marx´ Standpunkt erwies sich bald nach seinem Tod als nicht haltbar. Schon während der 1880er Jahre wurden die meisten Forschungsergebnisse, auf die Marx sich bezogen hatte, widerlegt.
Das galt auch für den russischen Mir. Er entstand, um die Steuerhaftung von Dorfgemeinschaften gegenüber dem Herrscher zu sichern und begründete damit kollektive Knechtschaft.

Karl Marx forderten diese vier Problemfelder { Familie, sozialistische Bewegungen, Gesundheit, Streit um eine kommunistische Revolution im Agrarland Russland } Energie und Konzentration ab. Damit fehlten ihm Zeit und Kräfte zur Bearbeitung des *"Kapital"*.

-   -   -   -   -   -

Anmerkung: Engels und die Frage nach einer möglichen russischen Revolution

Auf der Basis neuen Wissens machte Engels als Chefdenker der sozialistischen Bewegung um 1890 keine Zugeständnisse an die russischen Sozialisten.

Russland musste nach Engels´ Meinung der westeuropäischen Entwicklung folgen, zumal sich in den 1890er Jahren auch Russland industrialisierte. Seine wirtschaftliche Entwicklung unterschied sich tendenziell nicht mehr von der Englands oder der USA.

"Ich fürchte, wir werden die Obschtschina bald als einen Traum der Vergangenheit zu betrachten und in Zukunft mit einem kapitalistischen Russland zu rechnen haben", schrieb er an Nikolei Danielson   [den Übersetzer des „*Kapitals*" ins Russische].

Engels entdeckte in den russischen Dorfgemeinschaften keine Anzeichen positiver Entwicklung. Im Gegenteil hätten sie durch Beharrung Fortschritte verhindert. Für Engels war es *"kindisch"*, davon ausgehen, dass die kommunistische Revolution *"aus dem innersten Innen des russischen Bauern heraus"* entstehen könnte.

-    -   -   -   -   -   -

Die Jahre ab 1881 waren eine Phase ständigen Leidens für die Familie Marx und ihren Freund Friedrich Engels. *"Die Stille, die (...) im Marxschen Hause herrschte, rührte vor allem davon her, daß Frau Jenny Marx bereits von ihrem furchtbaren Leide [Krebs] befallen war "*,
berichtete Karl Kautsky.

Mohrs seelische Leiden wirkten sich körperlich aus. Je weniger er schrieb { Systematisches Schreiben am *"Kapital"* gelang ihm nicht mehr. } desto mehr verschlechterte sich sein körperlicher Zustand. Schließlich fand er selbst Engels´ Gegenwart lästig.

Über die letzten Tage Ihrer Mutter schrieb Eleanor Marx: *"Im Herbst (...) hatte Mohr einen bedenklichen Anfall von Brustfellentzündung. (...) Es war eine entsetzliche Zeit. In der großen Vorderstube lag unser Mütterchen, in der kleinen Stube daneben lag Mohr. Und diese beiden, die so aneinander gewöhnt, so miteinander verwachsen waren, konnten nicht mehr in demselben Raume zusammen sein.*

Unser gutes, altes Lenchen (du weißt, was sie uns war) und ich, wir hatten beide zu pflegen. Der Arzt sagte, unsere Pflege habe Mohr gerettet. (...) Dann starb Mütterchen [2.12.1881] (...).

Als unser lieber General kam, sagte er: ´Der Mohr ist auch gestorben.´ Und das war wirklich so."

Aufgrund seiner schweren Erkrankung konnte Marx nicht einmal an der Beerdigung seiner Frau teilnehmen. Friedrich Engels hielt die Grabrede für Jenny Marx.

1882 misslangen Marx´ Versuche, Erholung zu finden. Zuerst suchte Marx mit Eleanor Erholung in Ventnor auf der Isle of Wight. Dann reiste er weiter [für zehn Wochen] nach Algier, anschließend kurz nach Monte Carlo.
In Frankreich suchte er noch einmal seine Tochter Jenny auf, die ebenfalls Krebs hatte. Zuletzt fuhr er in die Schweiz.

Überall, wo sich Marx während dieses Jahres aufhielt, setzte regnerisches und kühles Wetter ein. Kaum erholt kehrte Marx nach London zurück. Der letzte furchtbare Schlag war der Tod seiner Tochter Jenny Longuet am 11.1.83. Sie starb an Blasenkrebs.

Am 14. März 1883 wollte Friedrich Engels nachmittags seinen Freund Karl Marx besuchen. Später erinnerte er sich: *"Unser braves Lenchen, das ihn gepflegt, wie keine Mutter ihr Kind pflegt, ging herauf, kam herunter: er sei halb im Schlaf, ich möge mitkommen. Als wir eintraten, lag er da, schlafend, aber um nicht mehr aufzuwachen. Puls und Atem waren fort. In den zwei Minuten war er ruhig und schmerzlos entschlummert."*

4. Arbeiten am Turmhelm   1883 -1895

In den ihm verbleibenden zwölf Lebensjahren schuf Friedrich Engels den Marxismus. Er veröffentlichte die Bände 2 und 3 des *"Kapital"* und erklärte Marx zum ersten Denker der sozialistischen Bewegung,   [seine eigene Rolle dabei völlig unter den Teppich kehrend].

General verfasste kleinere, aber wichtige Werke, und mischte mit in Sachen Organisation der deutschen Sozialdemokratie und der *Zweiten Sozialistischen Internationale.*

168

Die endgültige Geburt des Marxismus

In seiner Grabrede für Karl Marx stellte Friedrich Engels sein eigenes restliches Lebensprogramm vor.
{ Bei dem er keinen Millimeter von den gemeinsam mit Marx beschrittenen Linien abrückte. Abgesehen von taktischen Notwendigkeiten. }

1. Karl Marx war die Nummer eins des Kommunismus

„Und er ist gestorben, verehrt, geliebt, betrauert von Millionen revolutionärer Mitarbeiter, die von den sibirischen Bergwerken an über ganz Amerika bis Kalifornien hin wohnen (...)"

Diese Sätze fielen vor zwölf ZuhörerInnen. An Karl Marx´ Beerdigung [17. März 1883] nahmen dreizehn Personen teil, unter ihnen Friedrich Engels, Eleanor Marx, Paul Lafarge, Charles Longuet, E. Ray Lankester, Carl Schorlemmer, Wilhelm Liebknecht und Friedrich Leßner.

Die Diskrepanz zwischen den „Millionen", die weltweit trauerten und jener kleinen Schar, die an der Beerdigung teilnahm, fiel für General nicht ins Gewicht. Schließlich verlief für General die Weltgeschichte in genau jenen materiellen und historischen Gleisen, deren Existenz Karl Marx und er festgestellt hatten.

2. Marxismus erklärt die Entwicklung der Menschheit und weist in ihre Zukunft

Friedrich Engels erläuterte an Marx´ Grab dessen wissen-

schaftliche Bedeutung: *„Wie Darwin das Gesetz der Ent-*
wicklung der organischen Natur, so entdeckte Marx das
Entwicklungsgesetz der menschlichen Geschichte.
Damit nicht genug. Marx entdeckte auch das spezielle
Bewegungsgesetz der heutigen kapitalistischen Produk-
tionsweise und der von ihr erzeugten bürgerlichen Gesell-
schaft. (...)

Sein Name wird durch die Jahrhunderte fortleben und so
auch sein Werk. "

Bis zu seinem Tod zementierte Engels dieses Bild von Karl
Marx und des Marxismus. Dabei hielt der Marx über den
Tod hinaus die Treue. Er veröffentlichte die von Mohr
hinterlassenen Notizen als die Bände 2 und 3 des *„Kapi-*
tal" [als Verfasser genannt: natürlich Karl Marx].

Bei allen Gelegenheiten berief sich General auf den Vordenker Karl Marx. Dessen wissenschaftliches Zweifeln war
kein Thema für öffentliche Kundgebungen.

Der Aufstieg der sozialistischen und kommunistischen
Parteien zu einer schlagkräftigen Bewegung begann nicht
mit der Veröffentlichung des *"Kapital",* sondern mit En-
gels´ Propagandaaktivitäten in den 1880er Jahren.

-    -   -   -   -   -   -

Anmerkung: Engels und Marx: Da gab es Unterschiede

Kannte der "Bruderbund" Engels-Marx keine Differenzen?
Zum so genannten Marx-Engels-Problem gibt es zwei
Interpretationslinien.

Linie eins sieht Marx und Engels als geistige Zwillinge, die *ihre Arbeitsfelder trennten*. Marx befasste sich mit der Ökonomie, Engels bearbeitete die Felder Philosophie, Anthropologie und Staatstheorie.

Interpretationslinie zwei spricht vom *tragischen Irrtum*. Engels [und die Engelsianer] habe[n] grundlegende Konzepte von Marx missverstanden. Zudem habe General sie popularisiert und in nur restringierter Form weitervermittelt. Es sei verantwortlich für die darauffolgenden realsozialistischen Entwicklungen. *"Deshalb war es der* **Engelsianismus***, der die Fundamente des künftigen Dogmatismus, des künftigen materialistischen Idealismus von Stalin legte"*, urteilt Noman Levine. Engelsianer petrifizierten und schematisierten Marx´ Ideen bis zur groben Verzerrung.

Engels selbst legte Wert auf die Behauptung, sich in Marx´ Windschatten zu bewegen. *"Alle originalen Gedanken, unsere ganze Lehre stammen von Marx. Ich habe nichts Besonderes entdeckt",* erklärte Engels 1893 seinem Besucher Charles Rappoport.

Im Gegensatz zu Bekundungen dieser Art dachte und handelte Engels auch eigenständig. Dafür gab es handfeste Gründe.
Erstens: Marx starb 1883, Engels lebte noch bis 1895. Zwölf Jahre lang war Engels entscheidender Vordenker der sozialistischen Bewegung.
Vera Ivanovna Zasulic besuchte noch 1895 Friedrich Engels und freute sich, *"daß er trotz seiner 75 Jahre geistig nicht verknöcherte (...). Er beurteilte alles Neue souverän, sozusagen auf der Grundlage seines "Selbst" und nicht nach Maßstäben, die er aus seiner Jugendzeit im Gedächtnis behalten hat. (...)"*

Zweitens: Genau in diesem Zeitraum erfolgte ein ungeheurer Aufschwung der marxistischen Bewegung. Größere Anhängerzahlen und immer mehr Sitze in Parlamenten erforderten neue taktische Entscheidungen.

Drittens: Die Auslegung des in den obersten Etagen Geschriebenen und Gesprochenen obliegt nachfolgenden Rängen und unmittelbaren Erben.
Die Führungsriege der Nachfolger klammert[e] sich meist an die Worte ihrer großen Vordenker Engels und Marx.

Aber zu bestimmten Punkten setzt[e] sie eigene Akzente. So forderte Lenin eine von einer Elite zentral gelenkte Partei. Die würde den Arbeitern das sozialistische Bewusstsein vermitteln...
Sein Nachfolger Stalin verkündete die These vom Sozialismus in einem Land und erklärte 1936, nunmehr sei die Sowjetunion ein sozialistischer Staat [Sowjetmarximus].

Lenin und Stalin beharrten trotz ihrer Abweichungen darauf, absolut im Sinne von Engels und Marx zu handeln. Von deren wissenschaftlichen Erkenntnissen dürfe man um keinen Preis abrücken.

Die Ideen des Marxismus-Duos verknöchern unter derartigen Hütern zu ewig gültigen Gesetzen. Mochten sich Produktionsweisen und Formen des Kapitalismus ändern, im sozialistischen Lager durfte niemand ungestraft von den Denkschemata und Buchstaben der Vordenker abweichen. Der Marxismus erlitt in der Praxis das Schicksal vieler mitreißender Ideen. Ein Teil seiner Anhänger transformierte ihn zu einer unbeweglichen Ideologie.

Aus diesem Grund soll es Lücken im Moskauer Marx-Archiv geben. Diese Lücken bestehen genau dort, wo Expert*innen bedeutendere und/oder interessante Differenzen zwischen Marx und Engels vermuten. Entfernten ihre Erben entsprechende Dokumente, um ihren Anhängern Engels und Marx als monolithischen Block darzustellen?

Denn für Gegner und Anhänger könnte das Prädikat *wissenschaftlicher Sozialismus* seinen ganzheitlichen Anspruch verlieren, wenn offen zugegeben werden müsste, dass Engels und Marx in wichtigen Punkten unterschiedliche Auffassungen vertraten.

Hinzu kommt ein innerparteilicher Gesichtspunkt: Orthodoxe Parteiführungen benötigen zur Sicherung ihrer eigenen Position das Bild absoluter Geschlossenheit im Denken von Marx und Engels. Wenn nämlich selbst Engels und Marx ein Problem völlig unterschiedlich beurteilten, dann kann kein Zentralkomitee abweichende Meinungen von seinen Beschlüssen verbieten.

- - - - - - -

General arbeitete auch in seinen letzten Lebensjahren mit preußischem Fleiß und setzte sich mit Überblick und Geschick für den Marxismus ein.

Karl Kautsky gab als Mitarbeiter Einblick in Engels´ Arbeitspensum ab 1883: *"Der dritte Band des Kapital behandelt eine Fülle der wichtigsten und schwierigsten Probleme. Dabei mußte aber, noch mehr wie der zweite, das Material des dritten Bandes mühsam aus den fragmentarischen Manuskripten zusammengesucht werden, die es dann zu einer einheitlichen Darstellung zu verarbeiten galt.*
Indes, nicht bloß die Schwierigkeiten des Gegenstandes

waren es, die bewirkten, daß der dritte Band erst fast ein Jahrzehnt nach dem zweiten erschien.

Nicht minder wurde dies veranlaßt durch die Fülle von Arbeiten, die das Anschwellen der sozialistischen Bewegung gerade seit Marx' Tod für Engels mit sich brachte. Eine Reihe von Zeitschriften marxistischer Tendenz entstand. [Zürich: *Sozialdemokrat*; Stuttgart: *Neue Zeit;* Paris: *Socialiste* - Engels verfasste Artikel für diese Publikationen.]

Dazu kam, daß die Ausbreitung der sozialistischen Bewegung in den verschiedensten Ländern zahlreiche Übersetzungen Marxscher und Engelsscher Schriften veranlaßte, deren Durchsicht ebenfalls Engels zufiel [...]

Die Ausbreitung der sozialistischen Bewegung in Ländern, denen sie bis dahin ferngeblieben, brachte eine Vermehrung der Korrespondenz und der Studienobjekte für Engels.

Denn er mochte keinen Rat über Verhältnisse erteilen, die er nicht gründlich beherrschte. [...] Österreich interessierte ihn damals besonders wegen des überraschend schnellen Aufschwungs seiner sozialistischen Bewegung, dagegen Amerika wegen des überraschend schnellen Aufschwungs seines Kapitalismus [...]

Die rasche Ausbreitung der sozialistischen Arbeiterbewegung [...] führte aber auch bald zu Versuchen, eine neue internationale Organisation zu begründen. Der erste Kongreß der neuen "Internationale" wurde 1889 in Paris abgehalten. [...] Nicht ohne Irrungen und Wirrungen vollzog sich das. Das bedeutete weitere zusätzliche Arbeit für Engels, den Vertrauensmann der Sozialisten aller Nationen, den Kenner aller ihrer Verhältnisse."

Herausgeber: *"Das Kapital"*, Band 2 [1885]

und Band 3 [1894]

Engels musste „*Das Kapital*" um jeden Preis zum Abschluss bringen. Denn dieses Werk begründete Marx´ Ruhm und den wissenschaftlichen Anspruch des Marxismus.

Vom Sommer 1883 bis zum Frühjahr 1885 redigierte Engels den zweiten Band des *"Kapital."* Noch nach Marx´ Tod musste er ungeplant und ungewollt Geld, Zeit und Energie in die Veröffentlichung des "Kapital" stecken. Hätte *"ich das gewusst, ich hätte ihm bei Tag und Nacht keine Ruh gelassen, bis es ganz fertig und gedruckt war"*, stöhnte Engels.

Fassungslos hatte er 1883 Marx´ Nachlass gesichtet. Nachdem 1867 der erste Band des "Kapitals" gedruckt worden war, arbeitete Marx 15 Jahre lang an den beiden nächsten Bänden. Doch auf Marx´ Schreibtisch fand Engels außer groben Entwürfen und zwei Kapiteln für die nächsten Bände nur eine Unmenge Notizen vor.
Wie verhielt sich Engels als treuer Nachlassverwalter seines von ihm verehrten Freundes? Er las sich in die Notizen ein, was bei Marx´ Schrift wirklich nicht einfach war. Engels bekam Probleme mit seinen eigenen Augen und durfte nur noch bei Tageslicht lesen.

1885 konnte er den zweiten Band herausgeben. Er behandelte „*Den Zirkulationsprozess des Kapitals*". Während der Zirkulationsphase beziehen sich verschiedene Einzelkapitale aufeinander. Besonderheiten der möglichen Verhältnisse werden in diesem Band analysiert. Ebenso wird untersucht, wie sich der Zwang zur beständigen Akkumulation von Mehrwert auf die Gesellschaft auswirkt.

Für die weitere Bearbeitung der Notizen benötigte Engels Helfer und wählte dazu **Eduard Bernstein** und **Karl Kautsky** aus. Beide lasen sich in Marx´ Schrift und Texte ein. Bei Band 3 [*„Der Gesamtprozeß der kapitalistischen Produktion"*] musste Engels ein gewaltiges Durcheinander von Notizen ordnen und griff als Herausgeber in die Marxsche Planung ein. Abschnitte wurden unterteilt oder zusammengeführt, Fußnoten in den Text übernommen. Die Leser sollten nicht den Überblick verlieren, denn Marx neigte zu Ausschweifungen.

General fügte auch ein von Mohr nicht vorgesehenes Kapitel *„Die trinitarische Formel"* ein. Es benannte Stufen der Verschleierung der Ausbeutung; zudem fasste General hier die wichtigsten Aussagen des *„Kapital"* zusammen.

1894 konnte endlich Band 3 ***„Der Gesamtpozess der kapitalistischen Produktion"*** veröffentlicht werden; auch dabei wurde Karl Marx als Autor genannt, Engels nur als Herausgeber. Der Band enthält das heftig diskutierte *„Gesetz vom tendenziellen Fall der Profitrate"* und *erläutert die Spaltung des Profits in Zins und Unternehmergewinn und die Verwandlung der Rate des Mehrwerts in die Profitrate.*

Eine Wortwahl wird Engels bis heute angekreidet: Marx hatte im "Gesetz vom tendenziellen Fall der Profitrate" geschrieben, das Kapital würde möglicherweise *"erschüttert"* und zählte dafür Faktoren und Gegenfaktoren auf.

Engels, der wusste, dass die Parteimitglieder eine deutliche Aussage erwarteten, schrieb das Kapital werde *"zusammenbrechen".* Nach diesem vorhergesagten Zusammenbruch des Kapitalismus hielten viele linientreue Marxisten im 20. Jahrhundert Ausschau...

Als der 3. Band des *"Kapital"* veröffentlicht worden war, beseelte Engels das Gefühl, Marx´ Andenken für immer gesichert zu haben. Er schrieb an Bebel: *"Die Arbeit hat mir viel Freude gemacht, einerseits weil so viele neue brillante Gesichtspunkte dabei sind, [...] dann aber auch weil sie mir den Beweis geliefert, dass der alte Hirnschädel doch noch arbeitsfähig ist, selbst für relativ schwierige Sachen.(...)"*
Die nachträgliche Bearbeitung der beiden Bände war für Engels erfüllte Arbeit. Immer, wenn er sich mit dem *"Kapital"* befasste, fühlte er sich wieder mit Marx verbunden, berichtete Engels seinen Mitstreitern.

Zählt man die Jahre zusammen, so opferte Friedrich Engels für die Erstellung des *"Kapital"* 30 Lebensjahre. 19 Jahre [1850 - 1869] "schacherte" er in Manchester und nahm den Makel auf sich, in den Augen vieler als Sozialist unglaubwürdig zu sein. Elf weitere Jahre [1883 - 1894] benötigte er, um Marx´ Gedanken zu den Bänden 2 und 3 des "Kapitals" in eine druckreife Form zu bringen.

Weil er sich auf „Das Kapital" konzentrieren musste, konnte Engels sein eigenes großes Werk *„Dialektik der Natur"* nicht vollenden. Seine Energie reichte aber, um kleinere Texte mit wichtiger Bedeutung zu verfassen. Drei verdienen Erwähnung:

Ein Text gegen die Unterdrückung der Frau   1884

Die *"erste Klassenunterdrückung" ist die* "des weiblichen *Geschlechts durch das männliche"* in *"der Einzelehe"* schrieb Engels 1884 im Buch mit dem sperrigen Titel **"Der Ursprung der Familie, des Privateigentums und des Staats".**

Er, der nie bereit war, eine offizielle Bindung mit einer Frau einzugehen und sich sexuelle Dienstleistungen kaufte, kritisierte die Vorrangstellung der Männer in der bürgerlichen Ehe.

Der damals progressive Text wirkt Zeiten serieller Monogamie antiquiert. Engels verfasste ihn in der Vorstellung, dass Frauen nichts anderes als eine Ehe erträumen, die auf wirklicher Gleichberechtigung beruht.

Er stellte die Institution Ehe in einen historischen Kontext: Nicht nur der Kapitalismus sei ein Zwischenstadium, sondern auch die bürgerliche Ehe. Und mit ihr ist die Unterwerfung der Frau unter den Mann nur ein vorübergehender Zustand.

Er beschrieb historisch und ethnologisch, dass Frauen in Urgesellschaften und in vielen primitiven Völkern eine bessere Stellung hatten als die Frauen in bürgerlichen Ehen europäischer Prägung. In diesen gebe es nur einen Unterschied zwischen Ehefrau und Prostituierter. Der bestehe darin, dass die Ehefrau *"ihren Leib nicht als Lohnarbeiterin zur Stückarbeit vermietet, sondern ihn ein für allemal in die Sklaverei verkauft."*

Primitive Stämme gewährten beiden, Frau und Mann sexuelle Freizügigkeiten. In Europa sei die Frau Privateigentum des Mannes und nur er habe das Recht zur ehelichen Untreue.

Friedrich Engels wollte die Lage der Frauen grundsätzlich ändern: Ehen sollten in Zukunft keine Wirtschaftseinheit sein. Wirklich frei wären die Frauen, wenn die Familien erstens *ihr Eigentum* der sozialen Gemeinschaft übergeben und zweitens *ihre Kinder.* Fiele für die Frauen die Sorge um die persönliche Existenz weg, könnten sie aus Liebe heiraten und die Ehen gründeten sich *"auf gegenseitiger Zuneigung und Hochachtung."*

Durch eine weitere Feststellung gab das Buch dem Feminismus eine sozialistische Basis: *"Nach der materialistischen Auffassung ist das in letzter Instanz bestimmende Moment in der Geschichte: [erstens] die Produktion und [zweitens] die Reproduktion des unmittelbaren Lebens."*

Engels gab dem Gebären von Kindern den gleichen Rang wie dem Produzieren von Ware.

- - - - - - -

Anmerkung: Engels und die Blaustrümpfe

Während General in Texten theoretische Forderungen stellte, demonstrierten zur gleichen Zeit progressive Frauen [die so genannten Blaustrümpfe] auf der Straße für Gleichberechtigung und Frauenwahlrecht. Engels nahm den grundsätzlich emanzipatorischen Anspruch der Frauen nicht wahr.
Er dachte in Dimensionen des Klassenkampfes: Wozu würden die Blaustrümpfe das für Frauen erkämpfte Wahlrecht nutzen? Um zu bestimmen, von welchen bourgeoisen Kräfte sie sich unterdrücken lassen.

Zur Bewegung der Blaustrümpfe ging er auf Distanz und

berichtete in einem Brief über einen kleinen Disput, den er mit einer Frauenrechtlerin hatte: Frau *'Wischnewetzky ist sehr beleidigt, daß ich[...], ihr nicht einen Besuch in Long Branch abgestattet. Sie scheint wegen Etikettenbruchs und Mangels an Galanterie gegen ladies verletzt. Ich erlaube aber nicht den Women´s-right-Madämchen, von uns Galanterie zu verlangen: wollen sie Männerrechte, sollen sie sich auch als Männer behandeln lassen."*

-    -   -   -   -   -   -

Der Ausgang der klassischen deutschen Philosophie

1886 veröffentlichte Engels den Text **"Ludwig Feuerbach und der Ausgang der klassischen deutschen Philosophie"**. Zu Ludwig Feuerbach selbst schrieb Engels, dass der aktuell gezwungen sei, in einem abgelegenen Dorf zu leben und keinerlei Informationen über den aktuellen Diskussionsstand der Philosophie besitze.

Engels erklärte, dass die deutschen Philosophen sich in ihren Erkenntnissen nach den aktuellen Entdeckungen der Naturwissenschaften und den Entwicklungen der Industrie richten müssten.

Doch ein rein naturwissenschaftlicher Materialismus könne bestenfalls Grundlage neuerer Philosophie werden, nicht aber das Gebäude selbst.

„Zur Geschichte des Urchristentums"

Der Atheist Engels schrieb einen Text zur *Offenbarung des Johannes* [Letzter Text des Neuen Testaments] und verglich im Aufsatz *„Zur Geschichte des Urchristentums"* die Geschichte der frühesten Christengemeinden mit der der sozialistischen Bewegung. *„Wie diese war das Christentum im Ursprung eine Bewegung Unterdrückter: es trat zuerst auf als Religion der Sklaven und Freigelassenen, der Armen und Rechtlosen (...)!"* Das Christentum verspreche Erlösung im Jenseits. Der Sozialismus beabsichtige die gesellschaftliche Umgestaltung im Diesseits.

Beide Bewegungen verfügten über einen unerschütterlichen Kampfgeist und Märtyrer. *„Und trotz aller Verfolgungen, ja sogar direkt gefördert durch sie, dringen beide siegreich, unaufhaltsam vor."*

Engels und die Sozialdemokratie

Werfen wir einen Blick auf Engels Aktivitäten im Bereich der Sozialdemokratie. Hier mischte sich Engels oft ins deutsche Geschehen ein. Beispielsweise kritisierte er sozialistische Zeitungen, wenn ihm ihre Aufmachung zu provinziell erschien.

Voller Ironie schrieb Engels an Lafargue über neue Mitglieder in der SPD: *"In der deutschen Partei hat es eine Studentenrevolte gegeben. Seit 2-3 Jahren sind eine Menge Studenten, Literaten und andere junge deklassierte*

Bürgerliche in die Partei eingetreten und gerade zur rechten Zeit gekommen, um den größten Teil der Redakteursstellen in den neuen Zeitungen einzunehmen,

es wimmelt von ihnen, und sie betrachten gewohnheitsmäßig die bürgerliche Universität als eine sozialistische Schule [...], die ihnen das Recht gibt, in die Reihen der Partei mit dem Offizierspatent, wenn nicht Generalspatent, einzutreten.

*Diese Herren machen alle in Marxismus, aber sie gehören zu der Sorte, die Sie vor zehn Jahren in Frankreich ken*nengelernt haben und von denen Marx sagte: "Alles, was ich weiß, ist, daß ich kein Marxist bin!"

Als die SPD 1891 ihr Erfurter Programm beschloss, wurden viele Formulierungen Friedrich Engels´ eins zu eins übernommen. Die SPD lag damit ganz auf marxistischer Linie.

Sehr erfreut sahen sich die deutschen Sozialisten während der 1880- und -90er Jahre im Aufwind. Reichskanzler Otto von Bismarck bekämpfte sie mit einer Doppelstrategie.

Erstens setzte er sich für Staatssozialismus ein und ließ Kranken-, Renten- und Unfallversicherung einrichten; zweitens wurden durch die *Sozialistengesetze* von 1878 die SPD und ihre Unterorganisationen verboten.

Aber bei den Reichstagswahlen durften Personen sich für die SPD aufstellen lassen. Und die SPD bekam bei diesen Wahlen immer mehr Stimmen:

Reichstagswahlen

Jahr	Stimmen für die SPD in Prozent]
1871:	3,2%,
1874:	6,8%,

Reichstagswahlen

Jahr   Stimmen für die SPD in Prozent]

1877:   9,1%,
1881:   6,1%,
1884:   9,7%,
1887: 10,1%,
1890: 19,8%,
1893: 23,4%,
1898: 27,2%,
1903: 31,7%,
1912: 34,8%

Wie soll sich der russische Weg gestalten?

Der über 70-jährige Friedrich Engels nahm die politischen, sozialen und wirtschaftlichen Veränderungen in Europa und der Welt wahr [Z.B. Staatskartelle, Monopolkapitalismus und Imperialismus] und diskutierte über deren Folgen.

Ein umstrittenes Thema forderte General immer wieder zu Stellungnahmen heraus. Konnte es in Russland zu einer sozialistischen Revolution kommen? In welchem Kontext musste sie stehen?

{ Russland wurde 1922 [mit Gründung der UdSSR] das erste von Kommunisten geführte Land der Welt. Dabei hatte seine Industrialisierung noch längst nicht den Stand Englands, Frankreichs oder Deutschlands erreicht. }

Im Zarenreich hatten progressiv gesonnene Kreise intensiv über Engels´ und Marx´ Ideen diskutiert. Häufig besuchten Russ*innen Engels und Marx in London. Darum befassten beide sich mit der Frage, wie sich der Sozialismus im Agrarland Russland entwickeln kann. Die Diskussion erfolgte theoretisch, denn die RSDAP [Russische Sozialdemokratische Arbeiterpartei] wurde erst 1898 gegründet.

Entgegengesetzte Ansichten zur Entwicklung des russischen Sozialismus vertraten erstens **Plechanow** und seine Gruppe "Befreiung der Arbeit" und zweitens die **Volkstümler** [Narodniki].
Plechanow folgte der marxistischen Theorie einer historisch-materialistischen Abfolge: - Industrialisierung, - Verelendung der Arbeiterklasse, - Entstehung von Klassenbewusstsein, - endlich die proletarische Revolution. { Dabei würden die Proletarier von den russischen Bauern, die die Mehrzahl der Bevölkerung bilden, unterstützt. }

Die ungeduldigen Volkstümler meinten, solch lange Entwicklungsphasen nicht abwarten zu müssen. Die Narodniki erklärten, sozialistisches Gedankengut hätte sich in ihrer Heimat schon längst entwickelt. Schließlich existierten die *russischen Dorfgemeinschaften* schon seit Jahrhunderten. Aufgrund der dort von Generation zu Generation weitergegeben Vorprägung seien die russischen Bauern geborene Kommunisten. Sie könnten der Entwicklung in Westeuropa möglicherweise sogar vorangehen.

Engels folgte ihrer Idee nur zum Teil. Er meinte: In Russland könne sich der Kommunismus zwar ohne das Zwischenstadium des bürgerlichen Privateigentums entwickeln. Jedoch nur, wenn vorher eine proletarische Revolution in Westeuropa stattgefunden hätte.

Als in den Jahren nach Marx´ Tod in Russland die Industrie erheblich an Bedeutung gewann, erklärte Engels schließlich, Russland sei z.b. England so ähnlich, dass es die gleiche gesellschaftliche Entwicklung durchmachen müsse.

Es sei *"eine historische Unmöglichkeit, dass eine niedrigere ökonomische Entwicklungsstufe die Rätsel und Konflikte lösen soll, die erst auf einer weit höheren Stufe entsprungen sind und entspringen konnten."*

Die Zweite Internationale   Paris, 1889

Während Engels 1864 der Gründung der Ersten Internationale sehr skeptisch gegenüber gestanden hatte, begrüßte er die Entstehung der Zweiten Internationale. Die verstand er auch als Vehikel zur Durchsetzung des Marxismus. { Die Zweite Internationale war wesentlich erfolgreicher als die Erste. Deren Auflösung erfolgte bereits nach zwölf Jahren, während die Zweite Internationale fünfzig Jahre Bestand hatte – bis 1940. }

Doch auch an der Gründung der 2. Internationale beteiligten sich längst nicht alle sozialistischen Gruppen. Denn im Juli 1889 war die europäische Linke gespalten. Das zeigte sich, als zur Hundert-Jahr-Feier der Französischen Revolution in Paris zwei konkurrierende Kongresse der Arbeiterbewegung organisiert wurden.

Erstens luden die französischen Possibilisten, die sich eine Zusammenarbeit mit dem bürgerlichen Staat vorstellen konnten und englische Gewerkschafter zum *Internationalen Arbeiterkongress* ein.

Zweitens organisierte die französische Parti Ouvrier, zu der auch Marx´ Schwiegersohn Lafargue gehört, den marxistisch ausgerichteten *Internationalen Sozialistischen Arbeiterkongress.*

An diesem beteiligten sich nach mühsamen Vorverhandlungen auch die deutschen und österreichischen marxistischen Parteien. Zwischen ihnen und den französischen Delegierten gab es sachliche und persönliche Differenzen. Dennoch endete der Kongress [zu dem 400 Delegierte aus 20 Ländern zusammen kamen] mit wichtigen Beschlüssen.

Die weitreichendsten Folgen bewirkte die Gründung der **Zweiten Sozialistischen Internationale**. Engels war zuversichtlich: Theorie und Aktivismus seien ausgeglichen, und es gebe Ziele wie klares politisches Engagement, Gewerkschaftsrechte, Gleichberechtigung und den 1. Mai als Tag der Arbeit.

Im Gegensatz zur ersten Internationale hatte die *Zweite Internationale* keinen Generalrat. Bis 1900 traf sie ihre Entscheidungen bei den im Zweijahresrhythmus stattfindenden Kongressen. Engels gelang es sehr schnell, die Zweite Internationale über die SPD auf marxistischen Kurs zu bringen.

Stürme und Ernten   London, Zürich... 1890 -1895

Während Mohrs letzte Lebensjahre waren von den Krankheiten und Todesfällen seiner Frau und seiner ältesten Tochter beherrscht und überschattet waren,. erlebte General in den letzten zwölf Jahren seines Lebens nicht nur schwere Stürme, sondern auch Zeiten reicher Ernte.

Der Rentier Friedrich Engels entspannte sich jeden Sommer an der Kanalküste. Dafür mietete er abwechselnd Sommerhäuser in Eastbourne, New Brighton, Worthing; auch auf der Ilse of Wight.
General unternahm auch Reisen. Die weiteste führte ihn, als Privatmann, 1888 in die USA. Bis 1895 gewann die Lehre der früheren Zwei-Mann-Partei erheblich an Bedeutung. Wer jetzt von Kommunismus sprach, meinte den Marxschen Kommunismus.

Friedrich Engels wurde in der Rolle der Gallionsfigur der kommunistischen Parteien gesehen. Doch er verwies stets auf seinen Freund. 1893 zeigte er während des Kongresses der 2. Internationale in Zürich auf das im Saal aufgehängte Bild von Marx und sagte: *"Er wäre stolz auf uns, wir sind hier, um sein Werk fortzusetzen."*

Als Alterspräsident hielt Engels dort die Schlussrede. Der spätere Vorsitzende der Zweiten Internationale, der Belgier Émile Vandervelde schilderte in seinen Erinnerungen ergriffen: *"Man wollte schließen; in fieberhafter Eile spielten sich die letzten Abstimmungen ab. Da schwebte ein Name auf aller Lippen. Friedrich Engels war in den Saal getreten; unter einem Sturm von Zurufen kam er auf die Tribüne."* Engels verwies in seiner Rede natürlich auf Marx: *"Der unerwartet glänzende Empfang, den Sie mir bereitet haben [...], ich nehme ihn an nicht für meine Person, sondern als Mitarbeiter des großen Mannes, dessen Bild dort oben hängt. [...]."*

187

Immer wieder versteckte Friedrich Engels seine eigenen Leistungen und wichtige Beiträge mit Hinweisen auf Karl Marx´ Einzigartigkeit: *"Wir alle haben Talente, aber er ist ein Genie."* Durch dieses Taktieren bewirkte General als geschickter Sachwalter die spätere [und heutige] Bedeutung des Marxismus.

In England erlebte Engels, dass die Arbeiterbewegung nach langer Zeit wieder Streiks organisierte. 40 Jahre lang hatten sich die britischen Sozialisten nach dem Ende der Chartisten-Bewegung nicht gerührt. Die Arbeiter hofften auf ihren Anteil an den politischen und wirtschaftlichen Erfolgen ihres Landes.

Als positive Änderungen der Lohnstrukturen und soziale Verbesserungen ausblieben [Das Deutsche Reich hatte 1883 die Kranken- und 1884 die Unfallversicherung eingeführt. Die Altersversicherung folgte 1889.] endete die Geduld der Arbeiter*innen. Als erste streikten 1888 **Arbeiterinnen (!) einer Londoner Zündholzfabrik**.

Ihr Erfolg stachelte zu weiteren Streiks an. Im Frühjahr 1889 sammelte der Sozialist **Will Thorne** 20.000 Mitglieder in der *National Union of Gasworkers and General Labourers.* Die setzte eine Arbeitszeitverkürzung von zwölf auf acht Stunden durch.

Danach stellten sogar die Londoner Dockarbeiter Forderungen. Bis dahin hatte niemand damit gerechnet, dass Dockarbeiter streiken könnten. Denn ihre Arbeit konnte von jedem gesunden Mann ausgeführt werden. Als austauschbare Tagelöhner befanden sich die Dockarbeiter auf der untersten Stufe der Lohnskala. Ohne feste Arbeitsverträge mussten sie jeden Tag einen neuen Arbeitsplatz suchen. Und diese Arbeiter verlangten plötzlich, ihr Stundenlohn solle von vier auf sechs Pence erhöht werden und die Beschäftigung mindestens einen halben Tag dauern.

Die Dockbesitzer sagten Nein. Sie verließen sich darauf, dass sich tausende von Arbeitslosen um die Arbeit in den Docks reißen würden. Doch die Dockarbeiter organisierten einen disziplinierten Streik. Es gab friedliche Protestzüge; ein fair geführter Hilfsfonds unterstützte die Streikenden. Die Gewerkschaften setzen die meisten ihrer Forderungen durch.

Engels stellte erfreut fest, dass nun selbst das englische Lumpenproletariat bereit war, sich zu erheben. Besonders stolz war er darauf, dass Eleanor Marx sich aktiv an der Organisation beteiligt hatte.

Doch ausgerechnet in dem Land, in dem er seit 40 Jahren lebte, gelang es ihm nicht, Einfluss auf die Arbeiterschaft zu gewinnen. Er setzte auf den falschen Mann, nämlich **Edward Aveling**, der seit 1884 mit Eleanor Marx zusammenlebte.

Aveling war intelligent und tatkräftig. Er hatte ein Buch verfasst *"The Student´s Marx",* das Engels sehr begeisterte. Zusammen mit Eleanor Marx ging Aveling in verrufene Londoner Viertel und gründete dort eine proletarische Arbeiterbewegung.

Engels sah auf diese Pluspunkte und nahm nicht wahr, was andere an Aveling heftig kritisierten: seinen lockeren Umgang mit Frauen und anvertrautem Geld. *"Ich erinnere mich noch an die Zeit, wo ich ein ähnlicher Esel war",* kommentierte General Avelings Verhalten. Doch die englischen Sozialisten verziehen Aveling seine Charakterschwächen nicht. { Beispielsweise entwickelte sich die Beziehung zwischen Eleanor und Edward zu einer Tragödie. 1898 beging die depressive Eleanor Marx Selbstmord. }

Die Misserfolge Engels´ in England, die letztlich seiner Treue zur Familie Marx geschuldet waren, wurden durch Erfolge in Deutschland und in der *Zweiten Internationale* ausgeglichen. Sozialisten aus ganz Europa baten Engels um Rat. Er informierte sich so gründlich wie möglich und bezog dazu sieben Tageszeitungen aus Deutschland, England, Italien und Österreich und 19 Wochenzeitungen, u.a. aus den USA, Frankreich, Österreich, Deutschland, Frankreich, Polen, Bulgarien, Spanien...

Ihn erreichten viele Briefe und eine ganze Reihe von Besuchern wollte ihn sprechen. Sein Haus war eine Zentrale der sozialistischen Bewegung. Edward Aveling nannte folgende *regelmäßige* Besucher in Engels´ Haus: Wilhelm Liebknecht, August Bebel, Paul Singer, Richard Fischer, Friedrich Leßner, Julius Motteler, Eduard Bernstein – [Deutsche] - ; Charles Bernard, Delescluze, Roussell – [Franzosen] - ; Emilie Vandervelde, Anseele – [Belgier] - ; Karl Kautsky und Frau, Dr. Freyberger, Victor Adler – [Österreicher] - ; Stanislaus und Maria Mendelson – [Polen] - ; Sergej Kravcinskij, Vera Zasulic, Georgij Plechanov – [Russen] - ; William Thorne, William Sanders, George Julian Hardie – [Engländer] - ...
1888 verlegte die Redaktion des *"Sozialdemokraten"* ihren Sitz von Zürich nach London. Die Redakteure kamen jeden Sonntag in Engels´ offenes Haus.

Vor und während des Parteitags der SPD 1891 in Erfurt setzte Engels sich dafür ein, dass die SPD zwar auch pragmatische Ziele verfolgte wie das allgemeine Wahlrecht und progressive Einkommenssteuer, sich aber in ihrem Programm auf die Theorien des marxistischen Duos verpflichtete. Mit diesem Votum im Rücken setzte Engels die marxistische Philosophie als Grundlage der *Zweiten Internationale* durch.

Wie ließ sich angesichts so vieler positiver Entwicklungen das Ziel des Sozialismus erreichen? Müssten noch bewaffnete Revolutionen vorbereitet werden, wenn das allgemeine Wahlrecht galt?
In Deutschland könnte die SPD durch die Reichstagswahlen an die Macht kommen. Das 1848 für notwendig gehaltene Zwischenstadium einer bürgerlichen Herrschaft fiele damit weg.

Wahlen beflügelten in Engels Augen die Sache des Sozialismus. Erstens boten sie Gelegenheit zur Werbung, zweitens eröffneten sie die Möglichkeit zur Übernahme der Macht.

Engels war gegen die Idee der Führung des Proletariats durch eine Avantgarde. Die *"Zeit der Überrumpelungen, der von kleinen bewussten Minoritäten an der Spitze bewusstloser Massen durchgeführten Revolutionen"* sei vorbei.
Weil es letztlich aber keine Garantie dafür gab, dass die SPD den Sozialismus durch Wahlen erreichen konnte, dachte Engels über das Thema Armee nach. Die Massenwehrpflicht könnte für die Sozialisten bedeutsamer sein als das Wahlrecht. Die unaufhaltsame Mathematik des sozialistischen Fortschritts würde das Heer verändern, *"[...] da [...] diese Armee mehr und mehr die*

Gefühle und Ansichten des Volkes widerspiegelt, [hat das zur Folge,] *dass diese Armee, das Hauptwerkzeug der Unterdrückung,* [für die Regierung] *von Tag zu Tag unzuverlässiger wird."*

General war beileibe kein Pazifist. *"Politische Entscheidungen fallen nicht durch Worte oder Parlamentsbeschlüsse. Das war der Fehler von 1862. Entscheidungen fallen durch Blut und Eisen"*
hatte 1862 der konservative Politiker Otto von Bismarck in der preußischen Nationalkammer erklärt. Der Krieg galt als Vater aller Dinge. Friedrich Engels sah es als das gute Recht der Sozialisten an, Gewalt anzuwenden. Legalität war eine Frage der Taktik, nicht der Ethik.

Die Gegensätze von Nationalismus und international denkendem Sozialismus beschäftigten Engels ebenfalls.
Warum hatten nach der Annexion Elsass-Lothringens durch Deutschland viele französische Arbeiter ihre "Nation" über ihre proletarischen Interessen gestellt?

Mit Kriegsstrategien vertraut, spielte er bereits 1887 die Möglichkeit eines gewaltigen Krieges in Europa durch:
"Acht bis zehn Millionen Soldaten werden sich untereinander abwürgen und dabei ganz Europa so kahlfressen, wie noch nie ein Heuschreckenschwarm. Die Verwüstungen des Dreißigjährigen Krieges zusammengedrängt in drei bis vier Jahre und über den ganzen Kontinent verbreitet [...]"
1914 wurden diese Gedanken zur Realität.

Engels hegte die Hoffnung, noch den Beginn des nächsten Jahrhunderts, das Jahr 1901, zu erleben. Für seine Umgebung war Engels ist ein Wunder an Aktivität. Eleanor Marx bemerkte übertreibend: *"Und soweit ich mich erinnern kann, ist er in den letzten zwanzig schweren Jahren nicht älter geworden."*

Engels selbst blieb nicht verborgen, dass er älter wurde. Er hörte auf zu rauchen, trank weniger Pilsner und durfte auch nicht mehr reiten. Das nahm er hin, nur der bemerkbare Haarausfall und die daraus resultierende "Glatzenkrone" waren ein Ärgernis für ihn.

Eine immer entscheidendere Stellung nahm **Louise Kautsky-Freyberger** in seinem Haushalt ein. Engels entwickelte für sie väterliche Zuneigung, so wie er sie gegenüber den Marx-Töchtern und **Mary Ellen Burns** empfand. Hin und wieder verbreiten Zeitungen Falschmeldungen, nach denen Engels erkrankt oder sogar gestorben sei. 1893 schrieb er in einem Brief an Kautsky:

"Woher der Schwindelbericht von meiner Erkrankung kam, ist mir total unbegreiflich, es lag auch nicht der geringste Vorwand dazu vor. [...] Nun, wir haben auf den hochgradigen Kräfteverfall und das stündlich erwartete Ableben diverse Flaschen geleert."

Die geschiedene Louise Kautsky heiratete 1894 und ihr zweiter Mann, der Arzt Ludwig Freyberger, überredete Engels, in ein größeres Haus umzuziehen. Das lag nur 500 m weiter. Da Louise ein Baby erwartete, sei im alten

Haus kein Platz für alle. Engels fühlte sich im neuen Haus wohl, für das er pro Jahr etwa 2.500 engl. Pfund Miete zahlte.

Eine Reihe von Freunden ärgerte sich über die Bevormundung Engels´ durch die Freybergers. Die machten sich bei vielen unbeliebt, weil sie die Zahl der sonntäglichen Besucher*innen einschränken wollten.

Besucher erleben Engels als munteren Zeitgenossen. Helmut von Gerlach schilderte eine Feier im Jahr 1894: *"Er, der tiefgründige Gelehrte, (…) war in der Unterhaltung ganz der fröhliche Rheinländer.*

Es geschah nach irgendeinem Sieg der Sozialdemokratie bei einer deutschen Nachwahl. Jedesmal pflegte er bei einem so erfreulichen Anlaß seine (…) Freunde in London zu einer Tonne Bier zu entbieten. ´Die Sache wird mir nachgerade etwas teuer. Die Sozialdemokratie siegt jetzt zu oft bei den Nachwahlen`, sagte er lächelnd, als ich eintrat. [...] Es wurde ein vergnügter Abend und ich, der Nichtsozialdemokrat, hatte keinen Augenblick den Eindruck, als Eindringling dazusitzen.(…)"

Im Sommer 1894 erlitt Engels wahrscheinlich einen leichten Schlaganfall mit minimalen Folgen. Nach seinem Geburtstag [im November] schrieb er Laura Lafargue:

"Das ist meine Lage: 74 Jahre, die ich zu spüren beginne und Arbeit genug für zwei 40-jährige. Ja, wenn ich mich in den F.E. von 40 und den F.E. von 34 teilen könnte, was zusammen genau 74 ergeben würde, dann kämen wir bald klar. ( )"

Im Frühjahr 1895 befiel ihn ein aggressiver Speiseröhren- und Kehlkopfkrebs. Wie damals üblich, erfuhr Engels nichts über die Schwere seiner Krankheit. Anfangs fiel ihm eine Schwellung an der rechten Halsseite auf. Er informierte Laura Lafargue, ein Lymphdrüsenpaket drücke auf den Nerv und verursache Schmerzen.

Um rascher zu gesunden, wechselte Engels schon im Juni 1895 nach Eastbourne in die Sommerfrische und nahm wie üblich Bücher und Manuskripte zur Bearbeitung mit. Freunden schilderte er brieflich jedes Zeichen der Besserung.

In der zweiten Julihälfte kehrte Engels nach London zurück. Er hoffte, dass die Schwellungen an seinem Hals geöffnet werden könnten. Als eine der letzten Helferinnen sah ihn Fanni Markovna Kravcinskaja. Sie kritisierte in ihrer Erinnerung Louise Kautsky-Freyberger.

"[...] Zum letzten Mal sah ich Engels unter sehr deprimierenden Umständen. [...] Er freute sich sehr, daß ich gekommen war, und begann von Dingen, an denen er hing, zu erzählen; [...] Überhaupt, sein ganzes Wesen war durchdrungen von tiefster Liebe zu Marx. Ununterbrochen erzählte er: von verschiedenen Episoden aus ihrer gemeinsamen Arbeit, [...] er rekapitulierte ihre Gespräche.

Ich lauschte Engels andächtig, aber gleichzeitig zerriß es mir das Herz vor Jammer. Ich sah, daß Engels sehr krank war und nicht die nötige Pflege hatte. [...]"
Seit Anfang August könne General nur noch flüssige Nahrung zu sich nehmen und nicht mehr sprechen. Er kommuniziere über eine Schiefertafel. { Eleanor Marx soll an einem seiner letzten Tage durch eine Mitteilung auf dieser Tafel erfahren haben, dass Frederick Demuth-Lewis ihr Halbbruder war. }

Friedrich Engels starb am 5. August 1895. An der Trauerfeier für ihn nahmen über 70 Personen teil.

Die Urne mit seiner Asche wurde einige Seemeilen von Eastbourne entfernt von Eduard Bernstein, Eleanor Marx, Edward Aveling und Friedrich Leßner im Meer versenkt.

Engels wollte kein Grab für sich und damit keine Kultstätte. Über seinen Tod hinaus blieb Friedrich Engels derjenige, der sich in Marx´ Schatten stellte.

-    -   -   -   -   -   -

Anmerkung: Friedrich Engels´ Testament

General vererbte ein Vermögen von 2.037.000 engl. Pfund.

An die Töchter der Familie Marx, bzw. ihre Familien, ging etwa die Hälfte,
{ Eleanor Marx, Laura Lafargue, Jenny Louguets Kinder }

Mary Anne Burns, Nichte von Mary und Lydia Burns, erhielt etwa ein Achtel,

Louise Freyberger, Haushälterin, erhielt etwa ein Viertel,

Die SPD [für ihren Wahlkampffonds] etwa 100.000 engl. Pfd.
Dr. Ludwig Freyberger [als Hausarzt] über 20.000 engl. Pfd.

Die drei Marx-Töchter, [bzw. ihre Nachkommen], erhielten die künftigen Tantiemen für *"Das Kapital"*

Engels´ schriftlichen Nachlass erbten
August Bebel und Eduard Bernstein,

Karl Marx´ schriftlichen Nachlass erbte
dessen Tochter Eleanor.

-    -   -   -   -   -   -

1897 würdigte Victor Adler Friedrich Engels. Sein Lob endete mit der stolzen Feststellung: (...) *ihm verdanken wir es als Partei wie als einzelne, daß die Sozialdemokratie sich die Partei der Wissenschaft nennen darf."*

Adler betonte stolz: *"Der Sozialismus im Sinne von Marx und Engels ist nicht eine ökonomische Doktrin, er ist eine Weltanschauung."*

- - - - - - -

Anmerkung: Zum MEGA²-Projekt

Seit 1998 wird an einem erneuten MEGA-Projekt [=Marx-Engels-Gesamtausgabe] gearbeitet. An der Veröffentlichung sind Universitäten und Institutionen aus Deutschland, den Niederlanden, Russland, Japan, Dänemark, Italien, Frankreich und den USA beteiligt. 114 Bände sind geplant, bis jetzt erschienen 65 davon.

Die Herausgeber haben eine Entpolitisierung der Edition auf ihre Fahnen geschrieben.

Gearbeitet wird nach dem Prinzip der konsequenten Historisierung des Werks. Das Engels/Marxsche Denken wird im Zusammenhang ihrer Zeit und ihrer Problem- und Fragehorizonte verortet.

- - - - - - -

5. Marxismus: positive Utopie

oder fataler Irrweg?

[Bitte kontrollieren Sie selbst:
Auf *welchen* 'Marxismus" beziehen Sie diese Frage?]

Als Karl Marx 1881 in Frankreich „Anhänger" des Marxismus [aus dem Umfeld **Paul Lafargues,** seines Schwiegersohns, und **Jules Guesdes**] und ihre Ansichten näher kennen lernte, kommentiere er Gedanken und Gebaren dieser Gruppe wie folgt:

> *„Alles, was ich weiß,*
> *ist, dass ich kein Marxist bin."*

Positive Utopie, denn...

Der Marxismus behält seine Wirksamkeit als Ferment der Sozial- und Geistesgeschichte.

Positive Utopie, denn...

Im Marxismus können all jene [Teil-]antworten finden, die unsere Gesellschaft nicht als die beste aller möglichen Welten empfinden.

Positive Utopie, denn...

Engels und Marx boten Werkzeuge zu wissenschaftlicher Analyse, Impulse zum Handeln und letztlich die Idee einer Zukunft, die allen [faire] Chancen und Teilhabe bietet.

Positive Utopie, denn...

Der Marxismus bleibt Pfahl im Fleisch einer sich als alternativlos verstehenden Gesellschaft.

Positive Utopie, denn...

Hält nicht der Neoliberalismus mittels der Globalisierung sämtliche Politik in seinem Würgegriff?

Positive Utopie, denn...

Der Marxismus steht unter der göttlichen Verheißung des Nazareners: "Selig sind, die hungern und dürsten nach der Gerechtigkeit. Denn sie sollen satt werden."

Neues Testament, Matthäus 5, 6

Fataler Irrweg, denn...

Schließlich zögerte und zauderte der Forscher Karl Marx bei der Endfassung des *"Kapital"*, denn er wusste um wesentliche Fragestellungen, die er definitiv nicht beantworten konnte.

Fataler Irrweg, denn...

Schon vor 1900 machte sich Eduard Bernstein, ein enger Mitarbeiter Engels´ [z.B. bei der Redaktion von Band 3 des *"Kapitals"*] daran, den Sozialismus neu zu denken. Dafür wurde er als Revisionist beschimpft und ausgegrenzt.

Fataler Irrweg, denn...

Die sich auf Engels und Marx berufenden Parteien versag(t)en in zu vielen Punkten.

Fataler Irrweg, denn...

Dort, wo Menschen immer noch Engels und Marx in ihrem Herzen tragen [oder sie zumindest auf ihre Fahnen geschrieben haben], werden ihnen
- entweder Informationen [konkret: der Zugang zum weltweiten Internet] vorenthalten
- oder der Umgang „marxistischer" Parteien mit unbestreitbaren Fakten ist irritierend.

Fataler Irrweg, denn...

In der Ära von Industrie 4.0 können Theorien aus dem Jahr 1895 [Friedrich Engels´ Todesjahr] keine Antworten auf aktuelle soziale, politische und ökologische Probleme geben.

Nachtrag: ein Gedankenspiel...

Nehmen wir an, Engels´ Wunsch wäre in Erfüllung gegangen, und er hätte den Jahrhundertwechsel erlebt... oder er wäre noch älter geworden... [und mit ihm Karl Marx...]

- Wie hätten sie auf Bernsteins theoretischen Revisionismus reagiert?

- Auf Lenins Thesen von der Partei als Avantgarde des Proletariats?

- Welche Position hätten sie im Streit zwischen Menschewisten und Bolschewisten eingenommmen?

- Hätte Engels und Marx 1914 die Einstellung und das Verhalten der meisten Arbeiter schockiert, die begeistert für ihre Nationen in den Krieg zogen?

[Warum ließen die Arbeiter als nachdenkende Sozialisten nicht einfach „die Kapitalisten" in deren Krieg ziehen?]

- Oder hätten sie den Ersten Weltkrieg begrüßt, weil er den Untergang der Monarchie und der Bourgeoisie beschleunigen musste?

Jede Antwort auf diese Fragen ist reine Spekulation. Schließlich waren diese realen Ereignisse weit entfernt von den Konstruktionen der Marxistischen Theorie und ihren beiden Schöpfern.

Sind Marx und Engels damit als Theoretiker von aller Schuld befreit?

Tragen die beiden keine Verantwortung für Gulags, Schauprozesse, Deportationen, Mauern, und dafür, dass Völkern die Freiheit und das Recht auf eigene Meinungen genommen wurden [und werden]?

Oder tragen sie eine Mitschuld an den Millionen Opfern jener kommunistischen und sozialistischen Staaten, die im 20. Jahrhundert entstanden?
Die Antwort lautet je nach Standpunkt "Ja! Aber..." oder "Nein! Aber..."

Drei Ansätze zur Beurteilung:

Erstens
Engels und Marx mussten noch selbst erleben, dass ihre
Theorien verschiedenen interpretiert [und praktiziert]
werden konnten. Drei Generationen später wurde dieses
Gedicht veröffentlicht:

Konflikte zwischen Alleinerben   **Erich Fried**

> *Mein Marx wird deinem Marx*
> *den Bart ausreißen*
>
> *Mein Engels wird deinem Engels*
> *die Zähne einschlagen*
>
> *Mein Lenin wird deinem Lenin*
> *die Knochen zerbrechen*
>
> *Unser Stalin wird eurem Stalin*
> *den Genickschuß geben*
>
> *Unser Trotzki wird eurem Trotzki*
> *den Schädel spalten*
>
> *Unser Mao wird euren Mao*
> *im Jangste ertränken*
>
> *damit er dem Sieg*
> *nicht mehr im Wege steht*

Zweitens
gaben die beiden keine Details der klassenlosen
Gesellschaft [des Paradieses der Werktätigen] vor.

Engels und Marx deuteten nur ein Zweistufenmodell zur
Expropriation der Expropriateure an. Dem ersten niedrigen Stadium einer *kommunistischen Herrschaft* folge die
klassenlose Gesellschaft. In dieser solle jeder nach seinen
Fähigkeiten arbeiten und nach seinen Bedürfnissen leben.

Exaktere als diese oft zitierten Bemerkungen zur zukünftigen sozialistischen Gesellschaft verweigerten sie. Über
die Realitäten der klassenlosen Gesellschaft führten Engels
und Marx wenig aus. Sie wollten nicht in eine Reihe mit
den von ihnen angegriffenen sozialistischen Utopisten
gestellt werden.
Als aber im 20. Jahrhundert kommunistische Parteien
beginnen wollten, diese angekündigte Gesellschaft zu
verwirklichen, stellte sich das Schweigen von Engels und
Marx dazu als problematische Leerstelle heraus.

Noch weniger sagten Engels und Marx darüber, wie Entscheidungen in diesem Gebilde zustande kommen sollten.
Ihr Ideal war die Einheit von Gesellschaft und Staat, [so
wie sie die Polis in der Antike interpretierten].

Doch die im 20. Jahrhundert entstandenen sozialistischen
Staaten wurden [und werden] von "Monarchen" regiert,
um die herum ein irritierender Personenkult entstanden
ist.

{ George Orwell beschrieb die Folgen in *"Animal Farm"* und *"1984"*. Konnten Engels und Marx sich diese Auswüchse auch nur ansatzweise vorstellen? }

Drittens

befürworteten Engels und Marx auch militärische Gewalt zur Durchsetzung der Revolution. Für Engels ist die Anwendung von Gewalt selbstverständlich: *"Die Geschichte ist die grausamste aller Göttinnen und sie führt ihren Triumphwagen über Haufen von Leichen, nicht nur im Krieg, sondern auch in Zeiten `friedlicher` ökonomischer Entwicklung."*

Marx und Engels war pazifistisches Denken fremd, nicht nur als Kindern ihrer Zeit. Hatte der historische Materialismus nicht nachgewiesen, dass der soziale Fortschritt durch [letztlich brutale] Klassenkonflikte entstand?

Der Gedanke an Gewaltlosigkeit als Mittel in Konflikten entfaltet sich wirksam erst im 20. Jahrhundert .
{ Mahatma Gandhi, Martin Luther King, ... Die Mittel, die eine Bewegung benutzt, prägen letztlich ihre Ziele.
Wer auf dem Weg zur vollkommenen Gesellschaft über Leichen geht, wird sich erstaunt umsehen, wenn er an seinem Endpunkt Halt macht. }

Sind Engels und Marx also schuldig oder unschuldig?

Die beiden

- für ihre Theorien freizusprechen

- und für deren praktische Umsetzung zu verurteilen

bliebe oberflächlich und pauschal.

Wie gerechtfertigt Urteile über Friedrich Engels und Karl Marx sind, entscheidet allein deren Qualität.

{ Dazu müssten sie quantitativ deutlich mehr Seiten umfassen als diese Skizze. }

44° Celsius   Altes Land, Sommer 2044

ISBN   9 783 750498655   228 S. – 8,99 €

E-Book   9 783 752618785

==

Europas rote Gespenster

Band 1   **Friedrich Engels – Der kreative Schatten**

ISBN   9 783752 832730   163 S., 6,99 €

Auch als E-Book - - - - - - - - - - - - - - - - - -

Band 2   **Karl Marx - Genie und Chaot**

ISBN   9 783750 427457   220 S., 7,49 €

Auch als E-Book - - - - - - - - - - - - - - - - - -

Band 3   **General und Mohr – Die siamesischen Zwillinge**

==

Aus.Ende.Vorbei   -Dystopie-

ISBN   9 783748 140788   Auch als E-Book

==

Das Bernsteinzimmer: September 2001 Die letzten Protokolle

ISBN 9 783751 924450   Auch als E-Book

==

König muss sterben   [Rassismus]

ISBN 9 783753 465197